Cómo ayudar a

POR LA SUPERACIÓN DEL SER HUMANO Y SUS INSTITUCIONES

Vernon E. Johnson

Cómo ayudar a adictos que no desean ayuda

Una guía paso a paso
para los familiares y
amigos de personas
químicamente
dependientes

PANORAMA EDITORIAL

COMO AYUDAR A ADICTOS QUE NO
DESEAN AYUDA

Título original en inglés:
INTERVENTION: HOW TO HELP SOMEONE
WHO DOESN'T WANT HELP

Derechos Reservados
Copyright © 1986, 2006 by Hazelden Foundation

Published under arrangement with
Hazelden Publishing & Educational Service,
Center City, MN, USA.
All Rights Reserved

Portada:
Fotografía: Photos.com

Traducido al español por:
Laura Garibay

Primera edición en español: 2006
© Panorama Editorial, S.A. de C.V.
    Manuel Ma. Contreras 45-B
    Col. San Rafael 06470 - México, D.F.

Tels.: 55-35-93-48 • 55-92-20-19
Fax: 55-35-92-02 • 55-35-12-17
e-mail: panorama@iserve.net.mx
http://www.panoramaed.com.mx

Printed in Mexico
Impreso en México
ISBN 968-38-1517-0

De la ex primera dama Betty Ford a Vernon Johnson,
enero de 1986:

Querido Vern:

Felicidades por el 20 aniversario del Instituto Johnson. Durante ese periodo de dos décadas, ciertamente has sido pionero de los cambios que han ocurrido en el tratamiento y la conciencia sobre la dependencia al alcohol y las drogas.

Como una de las personas que se ha beneficiado de tu proceso de intervención, te doy las gracias encarecidamente, de parte mía y de todos los integrantes de la familia Ford.

Los últimos siete años y medio de mi vida me han conducido por un camino increíble, y tú me ofreciste la posibilidad de dar el primer paso. Aprecio con el corazón cada uno de los momentos en que mi camino se cruza con el tuyo.

Con mis mejores deseos,

Betty Ford

Dedico estas páginas,
con todo mi agradecimiento,
a Burns y Tippy Hoffman,
quienes desde el inicio
consideraron a la ignorancia
como el principal enemigo,
y cuya amistad ha sido
un estímulo constante.

Reconocimientos

A principios de los 60, la intervención era una teoría que parecía volar en la cara de la establecida opinión y práctica que sostenían que nada podía hacerse con los alcohólicos hasta que "tocaran fondo", o que sólo las personas químicamente dependientes que estaban "motivadas de manera apropiada" responderían en forma positiva a la atención médica profesional.

Apenas dos décadas después, el proceso de intervención descrito en las siguientes páginas ha ganado una amplia aceptación para ser practicado en casi todos los niveles económicos y sociales de Estados Unidos. Tratar de reconocer a todos los responsables de provocar un cambio tan rápido y tan grande en el enfoque básico que se tenía sobre esta mortal epidemia es, obviamente, una tarea imposible, pues son demasiados para poder incluirlos aquí. También resulta difícil ser específico en un esfuerzo por ilustrar lo variados e influyentes que tantos de estos grupos que ofrecían el proceso de intervención a sus miembros, ya que nombrar algunos es dejar sin mencionar muchos otros igualmente comprometidos e interesados. Sin embargo, entre aquellos que han venido a nosotros en busca de entrenamiento en el Insituto durante casi 30 años han sido representantes tanto de la administración corporativa y el trabajo organizado, como de Programas de Asistencia al Empleado. Llegaron a nosotros de varias ramas de los servicios armados de nuestro país con notables programas de intervención y tratamiento desarrollados principalmente en Estados Unidos. La Marina y la Fuerza Aérea. Varias asociaciones médicas estatales han desarrollado programas de intervención con médicos lesionados, Los abogados comenzaron a ayudar a otros abogados. Las distintas denominaciones de iglesias también comenzaron a involucrarse, como la iglesia episcopal en donde cada diócesis ahora cuenta con una comisión activa sobre dependencia química y entrenamiento en intervención. La lista continúa, y estoy profundamente agradecido a todos ellos; sin embargo, tengo que expresar un agradecimiento muy particular a la Asociación de Pilotos de Aerolíneas y su oficina médica bajo el liderazgo del doctor Richard Masters; la Cargill Company, en donde se organizó uno de los primeros Programas de Asistencia al Empleado; y la Escuela de Verano Rutgers de Estudios en Alcohol, en donde muchos estudiantes fueron expuestos a este entrenamiento por primera vez.

Expreso mi gratitud al propio consejo del Instituto Johnson pues, obviamente, sin su compromiso con la tarea de educar a nuestro personal, nada de esto habría sucedido. Final y particularmente, agradezco a Pamela Espeland, cuyas habilidades editoriales son evidentes a lo largo de las siguientes páginas.

Índice

Introducción

Usted está leyendo este libro porque sospecha que alguien a quien quiere es químicamente dependiente; ese alguien puede ser su cónyuge o un hijo, uno de sus padres o un pariente, un compañero de trabajo, un vecino o un amigo. La sustancia en cuestión puede ser el alcohol, la marihuana, la cocaína, anfetaminas ("estimulantes"), barbitúricos ("depresivos") o una combinación de ellos. Lo que sea no importa, lo que importa es que la persona está abusando o haciendo un mal uso de esa sustancia y eso le está causando problemas a él o ella *y a usted.*

Estos problemas pueden ser de conductas medianamente erráticas por parte del individuo, a importantes cambios de personalidad y deterioro físico. Quizás el individuo se esté desempeñando mal en el trabajo, quizás ha habido una o varias situaciones en que conduce mientras esté intoxicado (CMI), o conduce bajo la influencia (CBI). Tal vez las cosas están tensas en la casa (o la oficina), probablemente se ha dado cuenta de que la persona miente, no cumple sus promesas o pone excusas que están directamente relacionadas con el consumo. Acaso ha habido momentos en los que la persona ha tenido que ser hospitalizada, o llevada a desintoxicarse o encarcelada; o talvez sencillamente tiene usted la desagradable sensación de que algo anda mal en alguna parte y de que la dependencia química puede ser la causa.

Por fortuna para esa persona, *usted quiere ayudarla*; sin embargo, por el momento usted no está seguro de cómo proceder. Además, la persona no parece estar dispuesta a aceptar la ayuda ni de usted ni de nadie; de hecho, tal vez esté negando abiertamente que exista algún problema, o incluso ¡le culpe a usted!

Si usted es como la mayoría de las personas, puede creer que no hay nada que pueda hacer excepto esperar a que la persona "toque fondo" y luego tratar de recoger los pedazos. Durante más de 25 años, nuestra labor en el Instituto Johnson ha sido demostrar que lo contrario es lo que sucede. Esperar es demasiado peligroso, y también es cruel, pues permite que una situación que ya es mala, empeore. Si un amigo quisiera saltar de un puente, ¿le dejaría hacerlo antes de que estirara usted la mano y lo detuviera? Por supuesto que no, y tampoco debe quedarse mirando a la persona químicamente dependiente caer a las profundidades del sufrimiento y la desesperación antes de hacer algo al respecto. No tiene que esperar el momento oportuno hasta que la familia se quiebre, o la persona sea corrida de su empleo— o que mate a alguien en un accidente de auto. Puede hacer algo *ahora*.

También puede creer que sólo los expertos, es decir, los médicos, los psiquiatras, los asesores en dependencia química, cuentan con lo necesario y pueden ayudar a la persona químicamente dependiente. Pero ése no es necesariamente el caso. Otra cosa que hemos aprendido en el Instituto Johnson es que *cualquiera que realmente quiera ayudar, puede hacerlo*. No es requisito que usted tenga estudios clínicos o alguna experiencia especial; sin embargo, sí debe entender qué es la dependencia química y cómo afecta a sus víctimas, y ése es el enfoque de la Parte I de este libro, "Conozca y entienda la dependencia química". Con esta información en la mano, entonces puede decidir si busca ayuda de uno de los muchos profesionales capaces y con experiencia en este campo.

Lo importante es *entrar en acción, hacer algo*— y pronto. Por definición, una persona químicamente dependiente no está en contacto con la realidad. A través del proceso llamado *intervención*, usted puede jugar un papel importante en llevar a la persona que quiere de regreso a la realidad, la recuperación y una vida más rica, plena y larga. Miles de personas preocupadas como usted han hecho esto por sus parientes y amigos; miles de individuos químicamente dependientes están vivos y bien hoy como prueba de que esto funciona.

La Parte II de este libro, "La intervención en la dependencia química", describe este proceso y ofrece algunos pasos para prepararse para ello, iniciarlo y continuarlo.

También son esenciales, porque el aspecto fundamental aquí es: *A menos que la persona químicamente dependiente busque ayuda, morirá prematuramente.* La dependencia química es una enfermedad que mata, pero también es un mal del que la gente puede recuperarse y se recupera.

Usted puede asegurarse de que esa persona que conoce sea una de las que se recupera.

Primera parte

Conozca y entienda la dependencia química

1

La enfermedad de la dependencia química

Es posible que usted no sepa que la dependencia química es una enfermedad... pero lo es, así como la diabetes o las paperas.

Es de vital importancia que usted entienda y acepte este concepto. Una vez que lo haga, puede comenzar a darse cuenta de que la persona que abusa del alcohol o las drogas no lo está haciendo en forma deliberada, sino porque está enferma. Parte de la confusión, la frustración y la rabia que usted siente comienza a disminuir y podrá enfocar la situación más objetiva y constructiva.

Usted no culparía a su hijo por enfermarse de gripe, más bien, lo va a llevar con el médico, verá que la enfermedad sea diagnosticada correctamente y hará todo lo que esté en su mano por acelerar la recuperación de su hijo. Del mismo modo, *no puede usted culpar a la persona químicamente dependiente por ser químicamente dependiente.*

Si le parece difícil de aceptar el concepto de la enfermedad, no es el único, pues algunos médicos tampoco lo han aceptado todavía, e incluso varios de ellos prescriben fármacos para aliviar los síntomas de las sustancias químicas, lo cual conduce a nuevas dependencias.

No fue sino hasta 1956 que la Asociación Médica Americana formalmente reconoció al alcoholismo como una enfermedad; hasta entonces, casi todos los profesionales médicos y psiquiátricos creían que se trataba de un síntoma de algún otro desorden emocional o psicológico subyacente. Como resultado, el enfoque usual era algo como esto: "Vamos a ver qué es lo que *realmente* anda mal con usted. Si podemos detectarlo y corregirlo, entonces ya no sentirá la necesidad de beber". Por lo tanto, se creía que el problema de la bebida se haría cargo de sí mismo, es decir, desaparecería espontáneamente si ese desorden podía descubrirse y atacarse. Varios meses, y a veces años, pasaban médico y paciente enfrascados en un tratamiento que no funcionaba; mientras tanto, la condición de la persona enferma seguía empeorando.

Cuando el alcoholismo* se identificó como enfermedad, fue posible aprender más de él.

---

* Cuando usamos el término "alcoholismo" en este libro, también nos estamos refiriendo a los demás tipos de dependencia química. Los síntomas de dependencia son, en esencia, los mismos, y la necesidad de intervención es igual de urgente cuando la persona está abusando de pastillas de dieta, marihuana, cocaína, alucinógenos, anfetaminas, barbitúricos, tranquilizantes o lo que sea.

El proceso de intervención se traduce en términos generales y en grupos erarios. Ha habido una tendencia en algunos círculos de tratamiento a ver las drogas de manera idiosincrásica cuando resulta más útil enfocarlas en forma genérica. En el Instituto Johnson, no hacemos distinción alguna entre el alcohólico que bebe sólo cerveza y aquel que ingiere ginebra exclusivamente; del mismo modo, no distinguimos entre el drogadicto que fuma marihuana y el que prefiere la heroína. Y, por extensión, no tratamos al consumidor de drogas de manera diferente al alcohólico. *Todos* están atrapados en un síndrome emocional que describiremos después; *todos* necesitan ayuda, y todos pueden obtener grandes beneficios de la intervención.

También existe una extendida creencia de que los jóvenes no pueden quedar atrapados en la misma clase de problemas con la dependencia química que los adultos, pero, sencillamente, esto no es verdad. Na-

Lo que sabemos de la enfermedad

1. La enfermedad puede describirse.

Una enfermedad es una condición que se describe a través de una población. Si su hija se despierta una mañana con manchas rojas en todo su cuerpo, y usted la lleva con el médico, éste observará esas manchas rojas y (considerando que se trate de cierta clase de manchas rojas), diagnosticará correctamente un caso de sarampión. No porque el doctor sepa algo acerca de la personalidad, los hábitos o las amistades de su hija, sino porque el sarampión es sarampión, sin importar quien lo tiene.

Ahora podemos diagnosticar la dependencia química de la misma forma. Una sintomatología —una lista de características distintivas de la enfermedad— existe y nos permite reconocer tanto su presencia como sus efectos.

Uno de los síntomas del alcoholismo es la compulsión a beber, la cual es evidente en un consumo de bebidas que es *inapropiado, impredecible, excesivo y constante*.

La conducta del alcohólico fluctúa entre los extremos que confunden y desconciertan a las personas que lo rodean. Él o ella puede no darse cuenta de esa compulsión, pero siempre está ahí. Cuando se le confronta, él o ella podría decir, "¿Compulsión? ¿Cuál compulsión? Una compulsión significa que *tienes* que tomar una copa, ¡pero yo no soy así!" Yo siempre *decido* si voy a beber o no, así que no hay posibilidad de que sea un alcohólico".

Para la persona que está cerca del alcohólico eso puede parecer bastante razonable; sin embargo, para un obser-

---

die es "demasiado" joven para desarrollar una nociva y finalmente fatal dependencia al alcohol o las drogas, y nadie es "demasiado viejo" para recuperarse.

vador externo y objetivo, es obvio que tarde o temprano la "decisión" siempre es la misma: beber— o, en el caso del drogadicto, consumir la o las drogas en cuestión.

2. La enfermedad es primaria.

Más que ser un síntoma de un desorden emocional o psicológico subyacente, la dependencia química *provoca* muchos problemas de ese tipo o agrava los que ya existen. Y tales problemas no pueden tratarse eficazmente a menos que la dependencia química sea tratada *primero*.

Se calcula que el alcohol está involucrado en el 25 al 50 por ciento de todas las admisiones de hospitales y sanatorios mentales. La gastritis, la cirrosis hepática, el deterioro de los vasos sanguíneos en el cerebro, la descomposición del revestimiento del esófago, la miopatía alcohólica (una debilidad generalizada en los músculos), la impotencia en los hombres y las dificultades menstruales en las mujeres, el deterioro mental y la enfermedad cardiaca relacionada con el alcohol, entre otros males, siguen agravándose mientras la persona enferma continúe bebiendo. Los problemas sociales y familiares también empeoran.

La dependencia química parece formar parte de la vida humana de tal forma que bloquea efectivamente cualquier otro cuidado que quisiéramos prodigar a lo que esté mal en el individuo. Por ejemplo, si un alcohólico tiene un mal hepático, ni el mejor médico puede proporcionarle cuidados perdurables a ese individuo a través del alcoholismo, esto debe tratarse primero, a fin de limpiar el camino hacia la salud.

Y lo mismo aplica respecto a los problemas emocionales, ni siquiera la mejor atención psiquiátrica puede tener efectos duraderos hasta que el abuso de la bebida o el consumo de drogas se suspendan. Eso debe ocurrir antes de que la recuperación pueda empezar.

3. La enfermedad sigue un curso predecible y progresivo.

El doctor que diagnostica el sarampión de su hija puede decir, "Lo lamento, pero durante los próximos días algunas o todas estas cosas van a ocurrir, porque así es como se comporta el sarampión". La enfermedad sigue un curso predecible.

Igual pasa con la dependencia química, a diferencia de muchas otras enfermedades, sin embargo, la dependencia química también es *progresiva*, y esto significa que siempre empeora si no se trata.

Puede haber mesetas en las que la bebida o el consumo de drogas parezcan permanecer constantes algunos meses o incluso años y, en ocasiones, algún evento desencadenará lo que parece ser una mejoría "espontánea". Pero, con el paso del tiempo, la enfermedad avanza inexorablemente hacia un deterioro mayor o más serio a menos que se detenga, y como se trata de una enfermedad *multifacética*, afecta al individuo en todos los planos: físico, mental, emocional y espiritual.

4. La enfermedad es permanente o crónica.

Aquí es donde empezamos a ver lo realmente seria que es la enfermedad de la dependencia química; nadie tiene sarampión toda la vida, pero cuando una persona se vuelve químicamente dependiente, así permanece siempre.

Yo creía que la dependencia química se "aprendía" y, por lo tanto, podía "desaprenderse"; ahora sabemos que no es así, que es una enfermedad que se contrae, como cualquier otra enfermedad, y ya no desaparece.

Por fortuna, *puede* controlarse o detenerse, y las personas dependientes pueden llevar una vida feliz, sana y productiva, *siempre y cuando se abstengan de consumir sustancias químicas que alteren su estado de ánimo.* La recaída, o volver a beber y consumir, es un riesgo que siempre está presente, y ése es otro lado de la cualidad crónica de este mal.

Hay innumerables historias de hombres y mujeres alcohólicos o drogadictos que han mantenido la abstinencia durante muchos años y luego vuelven a beber o a consumir la droga con un intento de moderación. Muy raras excepciones han tenido éxito; el resto pronto se encuentra bebiendo o consumiendo drogas incluso más intensa y auto destructivamente que antes. Hay historias de alcohólicos que se mantuvieron sobrios y luego comenzaron a consumir tranquilizantes de manera regular por instrucciones del médico; en poco tiempo, se vuelven adictos a la droga prescrita y también vuelven a beber.

Algunos programas de tratamiento pretenden enseñar al alcohólico "a beber", o al adicto "a consumir", pero nuestra experiencia está en oposición directa de esta práctica, con excepciones muy raras y espaciadas.

En otras palabras, la alternativa más segura y responsable para la persona químicamente dependiente que quiere recuperarse es la abstinencia total de *todas* las sustancias químicas que puedan alterar su estado de ánimo, léase alcohol, anfetaminas, barbitúricos, tranquilizantes menores, y hasta los jarabes para la tos que contienen codeína. Un pequeño resbalón puede precipitar el regreso a las etapas activas de la enfermedad.

Con tratamiento, dicha abstinencia no tiene que ser fría y miserable; más bien, puede ser una experiencia que afirme la vida y hasta agradable. Hay un dicho entre los miembros de Alcohólicos Anónimos: "El mejor día bebiendo no es tan bueno como el peor día sobrio".

5. La enfermedad es fatal.

Una persona cuya dependencia química no se controle finalmente morirá a causa de ella, y esa muerte será prematura. Si se deja sin tratar, *la dependencia química es 100 por ciento una enfermedad mortal*. No estamos hablando de un mal hábito, ¡estamos hablando de una situación de vida o muerte!

Las estadísticas de las compañías de seguros indican que un alcohólico que sigue bebiendo tiene un promedio de extensión de vida de 12 años menos que alguien que no es alcohólico. La causa establecida de muerte prematura puede ser *física* (mal cardiaco, lesiones del hígado, úlceras sangrantes), *accidentales* (choques de auto, accidentes en el trabajo), o *emocionales* (suicidio relacionado con la depresión).

Los certificados médicos usan muchos eufemismos para la dependencia química, pero el resultado sigue siendo el mismo: la víctima muere y el agente causante son el alcohol o las drogas.

6. La enfermedad se puede tratar

Primaria, predecible, crónica y fatal: éstas cuatro características que pueden hacer que la dependencia química parezca que es la peor enfermedad que existe. Y lo sería, a no ser por una característica aún más importante: *puede tratarse y controlarse*. Y, de hecho, tiene una respuesta predecible a una forma específica de atención. La prueba se encuentra en los millones de personas que se están recuperando en la actualidad. De las referencias que tenemos del tratamiento, *siete u ocho de cada diez tienen éxito*.

La dependencia química no puede curarse, y es por eso que las personas que han dejado de beber o consumir, recibido tratamiento, y recobrado su vida plenamente, se describen como en *recuperación*, no aliviadas. La recuperación es un proceso y un compromiso de toda la vida.

* * *

Algo que todavía no sabemos es cómo empieza la enfermedad de la dependencia química; se han propuesto varias teorías, aunque ninguna ha sido comprobada todavía.

Hay quienes sugieren que puede ser hereditaria, tiende a estar presente en las familias, y hay aproximadamente un 25 por ciento de probabilidades de que el hijo de uno o más padres alcohólicos se vuelva alcohólico, pero eso no explica por qué el otro 75 por ciento no, o por qué muchos alcohólicos provienen de familias en donde la dependencia química (aparentemente) no ha sido un problema. Otras teorías afirman que la dependencia química se relaciona con un tipo específico de personalidad, pero existen millones de alcohólicos que no encajan en ningún perfil en particular.

Lo que queda claro es que toda clase de personas se vuelven químicamente dependientes, algunas sin razón aparente; por otro lado, tal parece que algunas personas no pueden volverse químicamente dependientes, ¡no importa cuánto lo intenten!

Nosotros *sabemos* que la dependencia química no es causada por la falta de fuerza de voluntad, o debilidad de carácter, o algún defecto en la estructura moral de la persona. No es una forma de enfermedad mental, ni tampoco el resultado de influencias externas, como un matrimonio desdichado, problemas en el trabajo o presión de los coetáneos. Esto significa, desde luego, que si alguien que a usted le interesa es alcohólico o drogadicto, *no es culpa de usted.**

---

* Si usted aprende aunque sea *un*a cosa de este libro, que sea esto. *Usted no es responsable* de la enfermedad de la dependencia química que tiene atrapada a la persona que usted ama. Es posible que de cualquier forma se sienta culpable, pero hablaremos con más detalle después acerca de

También sabemos que aproximadamente el 10 por ciento de los bebedores actuales en Estados Unidos se volverá un alcohólico en algún momento de su vida. Se calcula que hoy existen entre 10 y 20 millones de personas enfermas de este mal; la buena noticia es que la recuperación es posible para ellas.

Cómo saber si alguien a quien usted ama es químicamente dependiente

Ahora que conoce las características de la enfermedad, ¿cómo puede saber si alguien que a usted le interesa la está padeciendo? Sobra decir que no se trata de algo que pueda tomarse a la ligera, es decir, sospechar que alguien es químicamente dependiente y decírselo en su cara ¡son dos cosas muy distintas!

Algunos individuos creen que no se puede etiquetar a otra persona como alcohólica, sino que eso más bien debe provenir de la propia persona, pero como veremos, el sujeto químicamente dependiente generalmente es el último en reconocer (o admitir) que tiene un problema. Por lo tanto, a usted le toca reconocer los signos y sacar conclusiones.

El siguiente test, si bien no es una herramienta de diagnóstico, puede ayudarle a determinar si sus sospechas son fundadas. Responda cada pregunta "sí" o "no".

1. ¿La persona está bebiendo (o consumiendo alguna otra droga) más ahora que en el pasado?

---

las razones de esos sentimientos. Por el momento, trate de creer —¡o al menos considerar!— que nada que usted haya hecho pudo dar como resultado la enfermedad de esa persona.

2. ¿Le da miedo estar cerca de esa persona cuando esta bebiendo o consumiendo drogas… debido a la posibilidad de que abuse verbal o físicamente de usted?

3. ¿La persona ha olvidado o negado cosas que ocurrieron durante un episodio de consumo de alcohol o drogas?

4. ¿Le preocupa el consumo de alcohol o drogas de esa persona?

5. ¿La persona se niega a hablar de su forma de beber o de consumir drogas, o incluso de la posibilidad de que pueda tener un problema con ello?

6. ¿La persona ha roto las promesas de controlar o dejar su consumo de alcohol o drogas?

7. ¿La persona ha mentido alguna vez respecto a su forma de beber o consumir drogas, o ha intentado de esconderla de usted?

8. ¿Se ha sentido usted avergonzado por la forma de beber o consumir drogas de esa persona?

9. ¿Le ha mentido usted a alguien respecto a la forma de beber o consumir drogas de esa persona?

10. ¿Ha puesto excusas por la forma como la persona se comportó mientras bebía o consumía drogas?

11. ¿La mayoría de los amigos de esa persona son bebedores o consumidores de droga?

12. ¿La persona pone excusas o trata de justificar su forma de beber o consumir drogas?

13. ¿Se siente usted culpable por la forma de beber o consumir drogas de la persona?

14. ¿Los días festivos y las reuniones sociales son desagradables para usted debido a la forma de beber o consumir drogas de esa persona?

15. ¿Se siente usted ansioso o tenso cuando está cerca de esa persona debido a su forma de beber o consumir drogas?

16. ¿Alguna vez le ha ayudado a esa persona a "cubrirse" por algún episodio de consumo de bebida o drogas llamando a su patrón o diciendo a los demás que se siente "mal"'?

17. ¿La persona niega que él o ella tiene un problema de bebida porque sólo bebe cerveza (o vino)? O ¿niega que él o ella tiene problemas de drogas porque su consumo se "limita" a la marihuana, las píldoras de dieta o alguna otra sustancia supuestamente "inofensiva"?

18. ¿La conducta de la persona cambia notablemente cuando está bebiendo o consumiendo drogas? (Por ejemplo: una persona que por lo general es callada se vuelve hablantina e inquieta, o alguien que es tranquilo de repente está propenso a enojarse).

19. ¿La persona evita las reuniones sociales en donde no habrá alcohol o drogas?

20. ¿La persona insiste en ir sólo a restaurantes donde sirven alcohol?

21. Hasta donde usted sabe, ¿la persona ha conducido un auto mientras se encuentra intoxicada o bajo la influencia de las drogas?

22. ¿La persona ha recibido alguna vez una amonestación por Conducir Intoxicado?

23. ¿Teme usted salir con la persona después de que ha bebido o consumido drogas?

24. ¿Alguien le ha hablado de la conducta de la persona cuando bebe o consume drogas?

25. ¿La persona ha expresado alguna vez remordimiento por su conducta durante algún episodio en el que bebió o consumió drogas?

26. Si está usted casado con esa persona y tienen hijos, ¿ellos le temen a la persona cuando bebe o consume drogas?

27. ¿Al parecer la persona tiene una pobre imagen de sí misma?

28. ¿Ha encontrado alcohol o drogas que la persona ha escondido?

29. ¿La persona está teniendo dificultades financieras que parecen estar relacionadas con su consumo de alcohol o drogas?

30. ¿La persona espera con ansiedad el momento en que pueda beber o consumir drogas?

Si usted respondió que "sí" a por lo menos tres de estas preguntas, entonces hay muchas probabilidades de que esa persona tenga un problema de drogas o alcohol. Si respondió que "sí" a cinco de estas preguntas, entonces la probabilidad es aún mayor, y si respondió "sí" a siete o más, puede estar seguro de que esa persona, definitivamente, tiene un problema con la dependencia química.

Hay una definición muy simple de la dependencia química que le puede ser de utilidad:

> Si el consumo de alcohol u otras drogas está provocando *algún* trastorno en la vida personal, social, espiritual y económica del individuo, y dicho individuo *no deja de consumir la(s) sustancia(s) en cuestión*, entonces él o ella es una persona químicamente dependiente.

La negativa a dejar de consumir la sustancia en particular —aun cuando su consumo está teniendo un impacto claro en la vida del individuo— nos habla de un apego patológico a la sustancia y es uno de los signos más claros de una dependencia nociva.

La persona que *no* es químicamente dependiente podría tener un roce con la ley, o recibir *una* reprimenda por parte de su jefe, o tener problemas familiares por *un* episodio de consumo de drogas o alcohol, pero ese evento *solo* será suficiente para que ella piense "Si voy a tener esta clase de problemas, ¡voy a terminar con todo esto!" Y así lo hará.

Por otra parte, la persona químicamente dependiente seguirá consumiendo la sustancia aunque le provoque problemas continuos en una o todas las relaciones que son importantes para ella. Por estas acciones, él o ella dice, "La familia, los amigos y el trabajo son importantes para mí, pero beber o consumir drogas es *más* importante". Esto le está dando una importancia adicional a una sustancia inerte, una respuesta obviamente anormal, y una que indica la presencia de la enfermedad de la dependencia química.

2

El síndrome emocional de la dependencia química

Si usted sabe reconocer la dependencia química como una enfermedad, permítame decirle que ha dado un paso gigantesco en el camino de ayuda de la persona que le preocupa. Ahora debe usted saber que esa persona probablemente será una de las *últimas* en darse cuenta de eso.

La lenta aceptación (o no aceptación) del problema es otro síntoma de enfermedad, y las razones de esta negación se encuentran en las formas como la dependencia química afecta al individuo y la gente que le rodea, y en las actitudes de nuestra propia cultura de beber y consumir drogas, lo cual sirve para *agravar* y fortalecer la negación.

El alcohol es la droga social más común y ampliamente consumida.* Está autorizada tanto social como legalmente, y cualquiera puede comprarla y consumirla. General-

_____

* La marihuana, los inhalantes y los estimulantes se están usando cada vez más, y en edades cada vez menores. El *1995 Monitoring the Future Study*, llevado a cabo por el Instituto Nacional sobre Abuso de Drogas, indica que más de uno de cada tres chicos del último año de preparatoria han probado la marihuana.

mente se sirve en los restaurantes públicos y en los hogares, en los juegos de béisbol y las fiestas de la oficina (aunque esto está sucediendo, de alguna forma, con menos frecuencia en estos días), en los cines y en los aviones. El descorche de las botellas de champagne es necesario en todas nuestras celebraciones, sin mencionar que ninguna cena está completa si no va acompañada de vino, e incluso dejamos que nuestros hijos tomen sus primeros sorbos de cerveza mientras están sentados en nuestras rodillas.

En el Instituto Johnson, hemos visto suficientes pruebas para llegar a la triste conclusión de que cualquier persona en nuestra cultura que *pueda* volverse químicamente dependiente, *se volverá* químicamente dependiente. Y no son sólo los estadounidenses los que son propensos a esta enfermedad, el dilema existe en todo el mundo. La Unión Soviética, por ejemplo, tiene problemas tan serios con el alcohol que lo tuvo que reconocer recientemente. También hay millones de alcohólicos en Francia, Inglaterra, Italia, España, China y América Central y del Sur; de hecho, en todas partes en donde el consumo de alcohol no está expresamente prohibido por una religión nacional. (E incluso en los países en donde lo está, el consumo va en aumento).

La extensión del problema, y el hecho de que supera todas las barreras raciales, sociales, económicas y geográficas, es una prueba más de que la dependencia química es, en realidad, una enfermedad. ¿Por qué tantos millones de personas eligen una conducta que es claramente autodestructiva? ¿Cómo es posible que tantas personas sobre la faz del planeta desarrollen los *mismos* síntomas, las *mismas* compulsiones, los *mismos* desórdenes relacionados, si de lo que realmente están sufriendo es de una falta de auto control?

Casi todas las personas, cuando enfrentan una enfermedad, van a buscar un tratamiento para ella, considerando que la ayuda médica esté a su alcance. Aquí es donde la dependencia química se distingue como una enfermedad diferente a cualquier otra. *Las personas que la padecen, por lo general no buscan tratamiento por su propia voluntad porque no están conscientes de que la tienen*, y esto se debe a que la dependencia química viene universalmente acompañada por un *síndrome emocional* que es único a ella y que bloquea la conciencia de que existe.

Lo que sabemos del síndrome emocional

Para comprender este síndrome emocional, es necesario rastrear el progreso de la enfermedad desde sus inicios, para lo cual usaremos un dispositivo llamado Gráfica de Sentimientos, a fin de ilustrar lo que sucede, cuándo y por qué. La Gráfica de Sentimientos no es más que una línea recta a lo largo de la cual podemos colocar, de manera teórica todas las emociones que un ser humano es capaz de experimentar, partiendo del dolor hasta llegar a la euforia.

LA GRÁFICA DE SENTIMIENTOS

NORMAL

DOLOR   EUFORIA

Ahora imaginemos un personaje que llamaremos Ed y que se trata de un sujeto normal, promedio— tan normal, de hecho, ¡que probablemente no exista!*

---

* Para que las cosas sean sencillas, hemos decidido que nuestro personaje sea hombre. Por supuesto, la dependencia química no respeta sexo ni

Un día, Ed consume su primer bebida que contiene alcohol etílico. Se siente bien, y así es como generalmente se siente, pero la bebida le hace sentir mejor... de hecho bastante bien. En cuanto al estado de ánimo se refiere, él hombre avanza en una dirección de bienvenida, del 1 al 2 en nuestra Gráfica de Sentimientos. El hombre piensa, "¡Esto es genial! ¿Cómo es que no había probado esto antes?" Cuando los efectos pasan, regresa al punto donde se encontraba emocionalmente antes de consumir alcohol.

Ed acaba de entrar a la Fase I de la dependencia química.

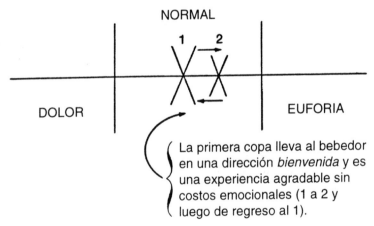

FASE I: CONCIENCIA DEL CAMBIO DE HUMOR

NORMAL

DOLOR

EUFORIA

La primera copa lleva al bebedor en una dirección *bienvenida* y es una experiencia agradable sin costos emocionales (1 a 2 y luego de regreso al 1).

---

preferencias sexuales. También hemos decidido que se trata de un *adulto* para evitar tener que explicar las diversas complicaciones adicionales que rodean la dependencia química en los adolescentes.

Finalmente, aunque este ejemplo habla del alcohólico, el síndrome emocional se aplica a *toda* forma de dependencia química. Ed bien podría consumir cocaína, marihuana, barbitúricos, analgésicos o tranquilizantes, *cualquier* droga que altere el estado de ánimo.

Tarde o temprano, él hace un profundo descubrimiento: si una copa le hace sentir bien, entonces dos (o tres) ¡son mejor! Se da cuenta de que *puede controlar el nivel de cambio de estado de ánimo* controlando su ingesta de alcohol. Cuando esa dosis se acaba, regresa al punto donde comenzó en la Gráfica de Sentimientos, sin efectos adversos.

FASE I: CONCIENCIA DEL CAMBIO DE HUMOR

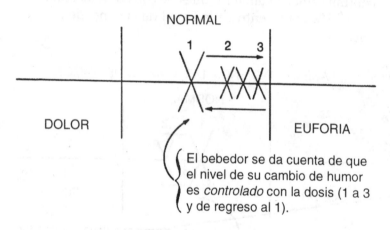

El bebedor se da cuenta de que el nivel de su cambio de humor es *controlado* con la dosis (1 a 3 y de regreso al 1).

Ed ha tenido un aprendizaje importante, y estos son los hechos que ha aprendido:

- El alcohol *siempre* lo lleva en la dirección correcta: hacia una sensación cálida, de bienestar general, quizás hasta con mareo;
- Puede determinar el nivel de su cambio de humor con la cantidad que bebe; Y
- ¡Funciona cada vez!

Ed no tarda mucho en aprender a elegir el estado de ánimo que quiere y bebe sólo para llegar a él; logra esto de *manera experimental* —haciendo— y *emocional* —sintiendo. Ésa, como todos sabemos, es la mejor forma de aprender algo nuevo. Ed no está cambiando la páginas de un libro de texto sobre la bebida, él está empinando el codo, con bebida(s) en la mano. Sin importar si prefiere beber cerveza, vino, o bebidas destiladas, pues cada vez lo lleva al mismo lugar de felicidad.

Con el tiempo y experiencia, Ed se da cuenta de que cuando llega a casa del trabajo al final de un agotador día, una copa siempre le hace sentir un poco mejor, mientras que dos o tres le permiten hacer a un lado sus preocupaciones. ¡Y con cuatro se siente sensacional! No sólo disfruta el cambio de humor, en realidad lo busca activamente. De nuevo, siempre regresa al estado de ánimo que tenía antes, y todavía no empieza a pagar ninguna cuota emocional por su manera de beber.

Ed está ahora en la Fase II.

FASE II: CONCIENCIA DEL CAMBIO DE HUMOR

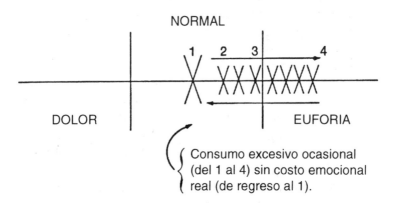

Consumo excesivo ocasional (del 1 al 4) sin costo emocional real (de regreso al 1).

Ha ido más allá de saber cómo tomar alcohol a *crear una relación con él*, y se trata de una relación muy positiva, una de confianza implícita. Ed *cree* en el poder del alcohol para aliviarle el estrés, sus preocupaciones y disolver su mal humor. Ha llegado al nivel del bebedor social activo —un miembro muy reconocido de nuestra cultura al beber— y bebe con bastante regularidad y propiedad (generalmente).

Con un poco más de tiempo y experiencia, su relación con el alcohol se vuelve en una relación profundamente incrustada en él y que llevará consigo toda la vida. La experiencia se construye sobre la experiencia para fortalecerla y consolidarla.

Puede permanecer en la Fase II varias semanas, meses o años. No hay forma de predecir lo rápido que progresan las cosas. Más tarde, él puede mirar las cosas en retrospectiva y decir, "No entiendo qué fue lo que sucedió. Antes me divertía mucho cuando bebía, pero en los últimos dos años las cosas se han convertido en un infierno". Al igual que la mayoría de las personas químicamente dependientes, él va a sobre valorar el periodo de consumo feliz y subestimar aquel en el que las cosas comenzaron a salir mal.

Incluso puede embriagarse deliberadamente una ocasión, considerando que sea una especial que valga la pena. Llegará a su casa y le anunciará a su esposa, "Caroline, cariño, ¡conseguí el aumento! Vístete, iremos a celebrar". Exagera la celebración y a la mañana siguiente despierta con una resaca de primera clase. Siente que la cabeza le va a estallar, el estómago lo tiene revuelto y no entiende por qué tiene tanta sed— ¡si estuvo bebiendo toda la noche! Pero incluso desde su lecho de dolor físico, Ed puede mirar en retrospectiva emocionalmente y no pagar ningún precio.

El piensa, "Bueno, la verdad es que me pasé anoche, ¡pero no lo haré esta noche! Tuve buenas razones, me la pasé excelente y valió la pena".

Muchos bebedores sociales nunca pasan de la Fase II, siguen bebiendo en lugares apropiados, en momentos adecuados, y en cantidades convenientes. La bebida los sigue acercando a la euforia y cuando dejan de beber, regresan a la normalidad (aunque con una resaca ocasional).

Sin embargo, las víctimas de la dependencia química *siempre* van más allá de esta fase. En el caso de Ed, llega un momento en el que su forma de beber y abuso del alcohol comienzan a cobrarle una cuota emocional; éste es el punto en el que entra a la nociva dependencia, lo que señala el verdadero inicio de la enfermedad. *Existe una correlación directa entre el grado de costo emocional y el grado de dependencia.* Cuando más alto el primero, más serio el segundo.

¿Cómo podemos diferenciar entre la llamada bebida social o consumo de drogas "normal" y la nociva dependencia? Primero, debemos reunir suficiente información respecto a la conducta del individuo para ver si el patrón ha cambiado con el tiempo. Luego podemos comenzar a hacer preguntas.

1. *¿Hay alguna señal de una anticipación creciente de los efectos bienvenidos del alcohol o las drogas? ¿El individuo parece preocupado por esos efectos?*

Ed atraviesa la puerta, deja el portafolio en la mesa y anuncia, "¡Creo que un martini seco no me caería nada mal! Necesito un trago, me lo *he ganado.*

Puede adaptar su conducta para asegurarse de que será capaz de beber hasta cierto punto (o puntos) durante el día. Sabe que no puede beber *todo* el día, sin importar cómo le haga sentir la bebida; se da cuenta de que el alcohol es muy poderoso y que debe limitar su consumo. Por lo tanto, formula una serie de "reglas" para beber. Una puede ser ¡la regla de las seis!: "Estaré concentrado en el trabajo, pero en cuanto llegue a la casa —a las seis— me tomaré un trago".

Ed se apega a estas reglas auto impuestas— durante algún tiempo, pero un día se da cuenta de que no deja de mirar el reloj… apenas son las cuatro, faltan dos horas. Dos *largas* horas. El siguiente sábado, cuando van a dar las cuatro, él está en casa frente al televisor o cortando el césped, y no ve razón alguna para no tomarse una cerveza *ahora*. ¿Qué caso tiene esperar hasta las seis?

La siguiente semana, él revisa el reloj al medio día. Por suerte es hora del almuerzo y, un vaso de vino no le caería mal.

Lenta e imperceptiblemente, Ed cambia su estilo de vida y sus reglas para satisfacer su *creciente* anticipación de los efectos agradables o bienvenidos del alcohol. Ve que sus compañeros de trabajo beben a la hora del almuerzo, ve a sus vecinos tomar cerveza mientras cortan el césped. Todos lo están haciendo, así que el también puede.

Ed no está conciente de que ha estado cambiando sus propias reglas hasta que ya no son nada de lo que fueron alguna vez. Finalmente, da al traste con todas ellas.

2. *¿Hay una rigidez cada vez mayor en las horas y las ocasiones en que los individuos se han acostumbrado a beber o consumir drogas?*

¿La persona se siente "explotada" si surge alguna interrupción o intrusión inesperada en su rutina establecida?

Ed está abriendo el estante de los licores cuando Caroline le anuncia, "La cena está servida. Recuerda que tenemos la reunión de padres de familia esta noche".

Ed se detiene y dice, "¿A qué te refieres con que la cena está servida? Todavía no tengo hambre".

Caroline replica, "Si no comes ahora, después ya no podrás, tenemos que irnos en media hora"

Ed, ahora enojado, contesta, "¡Pero ésta es la hora en que me relajo!" (*Traducción*: "Es mi hora de beber, ¡déjenme en paz!").

Caroline dice, "Puedes relajarte después, cuando volvamos a casa. Sabes que cuento contigo para esto, voy a hacer mi presentación hoy".

Ed suspira. "Tuve un día muy pesado. Creo que no puedo ir a esa reunión; me encantaría estar ahí, pero ¿no puedes ir sin mí? Eso me dará la oportunidad de descansar, y cuando regreses me cuentas, ¿sí?"

Esa escena se repetirá una y otra vez, en incontables versiones. Ed no va a permitir que *nada* interfiera con su hora establecida para beber.

3. *¿El individuo está bebiendo o consumiendo mayor cantidad para tener los mismos efectos que antes tenía con menos?*

Ed tomaba un martini antes de la cena, últimamente siempre toma dos o tres, pero *parece* el mismo Ed de siempre. Un mayor consumo de alcohol da como resultado una mayor tolerancia a sus efectos. El alcohólico que afirma poder "beber más que todos los presentes" generalmente puede hacerlo, simplemente porque tarda más en llegar al cambio de humor que está buscando.

Otro cambio importante tiene lugar: ahora hay veces en que Ed deja todo por tomar un segundo (tercero o cuarto) trago. Y es por esto por lo que nosotros preguntamos:

4. *¿Cuánta inventiva está usando el individuo para recibir esa cantidad?*

Usted ha invitado a Ed a sus fiestas durante años, pero últimamente él se ha ofrecido a preparar las bebidas, es quien anda por todos lados diciendo, "¿Te sirvo más?" Naturalmente, esto le proporciona una gran oportunidad de preparar varias para sí mismo, así, mientras todos van por la segunda Margarita, Ed está en la tercera o cuarta.

Caroline ya notó la diferencia también. Antes, no lograba que le hiciera algún mandado los sábados —ir a la tienda, recoger la ropa de la tintorería, esa clase de cosas. Ahora él solo se ofrece, y también incluye una visita a la licorería local en algún lugar de su ruta.

Ed en realidad está *planeando* formas de conseguir alcohol con más frecuencia. Algunas de esas formas son bastante inteligentes, ingeniosas, podríamos decir. *Cuanto mayor el ingenio, mayor la dependencia.*

Puede o no tener botellas escondidas en varios lugares de la casa, sólo para asegurarse de que no se le "acabe". Lo interesante es que, ésta es una forma en la que casi todos los alcohólicos no son particularmente ingeniosos, pues guardan las botellas en los mismos lugares que los alcohólicos las han guardado siempre: en la cochera, en el sótano, en el cajón inferior de la alacena.

Los consumidores de drogas tienen más facilidades para esconder su droga ya que no ocupa tanto espacio como el alcohol, y la persona que la encuentra puede no saber lo importante de su hallazgo. Un carrujo de marihuana puede estar metido en un paquete de cigarros normales; las pastillas estimulantes pueden estar guardadas en el fondo de un frasco de aspirinas; la cocaína, para quien no la conoce, se parece a muchas sustancias comunes del hogar: talco de bebé, talco para después de bañarse, azúcar. El descubrimiento de la parafernalia relacionada con la droga generalmente es el primer indicio que un padre o un cónyuge tiene de que en la casa alguien está consumiendo drogas. Para Ed, la Fase III ya está en el horizonte; se acerca el día en el que beba mucho, muestra alguna conducta extraña como resultado directo y, *por primera vez*, cuando regrese del cambio de humor, vaya por debajo de lo normal en la Gráfica de Sentimientos. A la mañana siguiente, mientras busca una aspirina, piensa en la noche anterior y recuerda el duro comentario que hizo al anfitrión, o la pantalla de lámpara que se puso en la cabeza, o el hecho de que Caroline le quitó las llaves del auto e insistió en que se fueran a casa. "¿Qué pasó anoche?", piensa. "Por lo general el alcohol no me afecta así". Se siente incómodo, quizás hasta avergonzado. *No se siente bien.*

FASE III: DEPENDENCIA NOCIVA

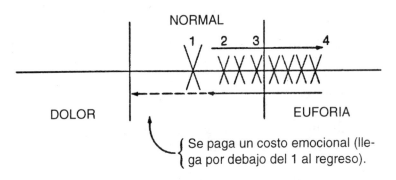

Entonces —y esto es crítico— inmediatamente responde su propia pregunta: "¡Claro! No comí antes de empezar a tomar; ¡bebí con el estómago vacío! La próxima vez que beba tanto, y no lo haré, comeré primero". ¿Se da cuenta de la ambigüedad? ¡Ya está planeando lo que va a hacer la próxima vez que no beba en exceso!

Ed ha hecho la primera racionalización. Ésta es una respuesta razonable, natural y atenta para un ego dañado, es la manera como el ser humano repara una autoestima herida.

Algunas palabras adicionales respecto a la racionalización caben aquí:

- Primero, *todas* las personas razonan cuando su conducta les ha provocado alguna especie de incomodidad legítima; ésta es la función de la racionalización: ayudarnos a sentirnos mejor con respecto a nosotros mismos cuando hemos hecho algo de lo que no nos sentimos particularmente orgullosos.
- Segundo, *todos* los razonamientos deben ser inconscientes para que funcionen. No podemos estar conscientes de que estamos razonando cuando lo estamos haciendo; de hecho, cuanto más conscientes estamos, menos éxito tendrá nuestra racionalización.
- Tercero, las racionalizaciones son *positivas* —siempre y cuando la fortaleza de nuestro ego permanezca en un nivel normal y por lo general nos sintamos relativamente bien con nosotros mismos. Hacen la vida más fácil.

Cuando una persona *normal* razona para expiar sus sentimientos de fracaso, una dosis de hechos generalmente basta para llevarlo de regreso de la racionalización a la realidad. ("No me digas que nunca te dije de la cena en casa de mi mamá. Hablamos de ella anoche y te lo recordé esta mañana". "Tienes razón, supongo que no quise ir"). Pero cuando la persona químicamente dependiente razona, es una historia totalmente diferente. La racionalización se vuelve una parte integral de su vida. *Todas* las conductas extrañas se racionalizan, y la persona va más allá de la realidad y más profundamente hacia el engaño. El proceso se vuelve cada vez más rígido y en realidad ayuda a victimizar a la persona a medida que avanza la enfermedad. El intelecto sigue suprimiendo las emociones y se defiende contra la razón hasta que la verdad queda profundamente enterrada, tanto, que no se puede llegar a ella. No sabemos por qué un individuo cae en la dependencia nociva desde la posición de lo que pareciera ser un consumo de drogas o alcohol "normal". Pero sí podemos describir completamente el cómo, tan desde el punto de vista conductual como emocional.

Vale la pena subrayar, una y otra vez, que *la persona químicamente dependiente no se da cuenta del progreso de su enfermedad*. En la medida que las conductas se van haciendo más bizarras, las racionalizaciones se hacen más fuertes para compensar el cada vez mayor número de veces que implican un costo emocional. Las racionalizaciones recitadas de memoria en la ocasión, son parte del manto de la vida diaria. Son respuestas invisibles, son insidiosas y son necesarias —y potencialmente desastrosas— a la sensación de dolor.

Cuanto más crea el individuo en sus propias racionalizaciones, más cae en el engaño.

Para el observador que conoce las señales y los síntomas de la dependencia química, la Fase III es fácilmente reconocible, puede describirse, tiene síntomas distintivos y sigue un curso predecible y progresivo.

Para Ed, llega otra ocasión de consumo excesivo y conductas aún más bizarras. A la mañana siguiente, no sólo se siente incómodo, experimenta cierto grado de *remordimiento*. Ya no se pregunta, "¿Qué pasó anoche?" Más bien piensa, "Lo que sucedió anoche fue absurdo".

FASE III: DEPENDENCIA NOCIVA

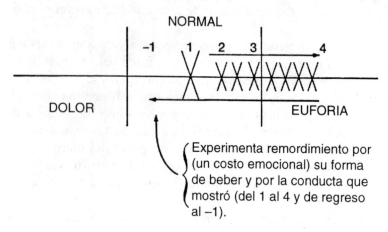

Experimenta remordimiento por (un costo emocional) su forma de beber y por la conducta que mostró (del 1 al 4 y de regreso al −1).

Conforme pasa el tiempo y la persona sigue bebiendo en exceso —quizás no todos los días, pero sí con frecuencia— su conducta va más allá de lo bizarro y llega a lo escandaloso o indignante, y la punzada de remordimiento se convierte en puñalada. Ahora, la reacción de la mañana siguiente va de "Fue absurdo" a "Yo fui un estúpido. ¿Cómo pude hacer tal cosa?" y el dolor emocional es muy difícil de soportar.

Después de la siguiente juerga, o la próxima, Ed cae en el auto castigo, y de una manera muy seria. "Yo fui un estúpido" ya no es suficiente, ahora es "Fui un *idiota*. Será mejor que llame a tal y tal y me disculpe". Se siente terrible, y su auto valía siempre se encuentra en el punto más bajo.

FASE III: DEPENDENCIA NOCIVA

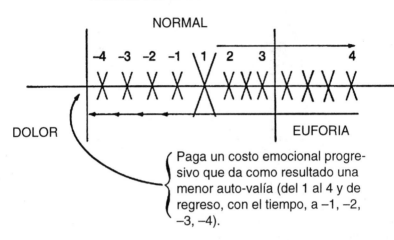

Paga un costo emocional progresivo que da como resultado una menor auto-valía (del 1 al 4 y de regreso, con el tiempo, a –1, –2, –3, –4).

Y así continúa la espiral descendente, cada vez más dolorosa y difícil de subir. Finalmente, esta angustia emocional se vuelve una condición *crónica*; Ed se siente muy mal incluso cuando *no* está bebiendo, y esta sensación puede ser inconsciente, aunque siempre está presente. Al principio puede experimentarse como un malestar general; invariablemente, a medida que Ed sigue bebiendo y exhibiendo conductas bizarras, avanza hacia un odio verdadero por sí mismo.

El periodo posterior de cada nuevo episodio de embriaguez va acompañado de auto-recriminaciones: "¡Soy un bueno para nada!" En esta etapa, Ed ya es un hombre muy enfermo.

Éste es el punto en el cual todo aquel que esté prestando atención se dará cuenta de que algo grave está ocurriendo. Cambios de personalidad y de humor que antes no se habían visto, ahora son evidentes: arranques de mal humor, violencia, hostilidad, fastidio. La persona químicamente dependiente puede aumentar o bajar de peso debido a malos hábitos alimenticios, y su higiene personal puede dar mucho que desear.

FASE III: DEPENDENCIA NOCIVA

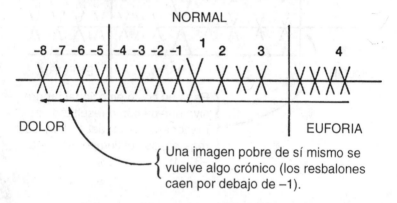

NORMAL

-8 -7 -6 -5 | -4 -3 -2 -1   **1**   2   3 | 4

DOLOR   EUFORIA

{ Una imagen pobre de sí mismo se
  vuelve algo crónico (los resbalones
  caen por debajo de –1).

La respuesta típica es buscar lo que llamamos la "cura geográfica". En ningún momento Ed admite que su vida es un caos debido a su forma de beber, y no lo reconoce porque *todavía no lo sabe*. Más bien asume que la explicación se encuentra en las demás personas y las cosas. "Esa Caroline es una pesadilla, ¡si pudiera dejarla, viviría mejor!" O "Ya no soporto mi empleo, me hace beber. ¡Necesito un cambio!" Y es posible que siga estas convicciones con actos erráticos.

Su forma de beber está totalmente fuera de control. Entra a un bar para tomar "uno o dos tragos" después del trabajo, y es sacado a fuerza del lugar a la hora de cerrar. Se lleva a casa una botella con la intención de tomar un par de tragos por la tarde, y la mañana siguiente la botella está vacía.

En las etapas finales de esta fase, el odio a sí mismo es reemplazado por sentimientos y actitudes claramente autodestructivos. "No sirvo para nada" es seguido de "Estoy tan podrido que tal vez debiera acabar con todo". *Si aprieto el acelerador a más de 100 kilómetros por hora, ese puente se hará cargo de todos los problemas, incluido yo... Esta ventana de la oficina es lo bastante alta, lo único que tengo que hacer es inclinarme lo suficiente... ¿Para qué abrir la puerta de la cochera cuando enciendo el auto?... Podría tomarme una o dos de esas pastillas... o podría tomarme un puñado....*

Si la enfermedad continúa, Ed puede desarrollar ma-

FASE III: DEPENDENCIA NOCIVA

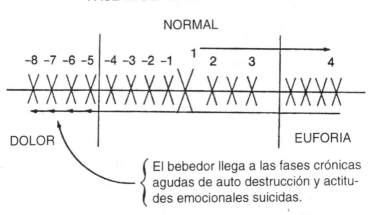

El bebedor llega a las fases crónicas agudas de auto destrucción y actitudes emocionales suicidas.

nifiestas tendencias suicidas provocadas por la condición crónica conocida como depresión alcohólica, sin duda la principal causa de suicidios en nuestra cultura de hoy.

* * *

En este momento, es muy probable que usted se esté preguntando, respecto a Ed (o la persona químicamente dependiente que usted conoce), "¿por qué no se da cuenta de lo que le está pasando y deja de beber?" Imagine los 10 a 20 millones de alcohólicos activos que se comportan como Ed. Ahora imagine a los millones de personas que los conocen y están observando los mismos síntomas y conductas que son evidentes en la persona que a usted le interesa. *Todos están haciendo la misma pregunta…* y es la pregunta equivocada.

Para llegar a la pregunta adecuada, elimine las cuatro últimas palabras; pregunte, ¿por qué no se da cuenta de lo que le está pasando? ¿Cómo es que una persona no puede saber cuando está centrando su vida alrededor de una droga? ¿Por qué no puede detectar el deterioro en su condición física, su estado emocional, sus relaciones? ¿Acaso está ciego?

De una manera muy real, así es, y la explicación se encuentra en el síndrome emocional que estamos describiendo aquí.

En la medida que la necesidad emocional que tiene Ed del alcohol ha aumentado y lo presiona más, y en que su conducta cuando bebe han sido seguidas y reforzadas por racionalizaciones específicas, el proceso mismo de racionalización (que empezó bastante nocivo) se ha vuelto un *mal control mental* patológico. Sus sentimientos negativos respecto a sí mismo han quedado encerrados en el nivel inconsciente por un elevado y firme muro de defensas racionales. Es por esto que él puede creer lo que para los demás parece evidentemente increíble.

Debido a ese muro, él no puede llegar a los sentimientos negativos que tiene respecto de sí mismo, es más, ni siquiera está consciente de que existen, aunque están crónicamente presentes en la forma de un *masa de ansiedad, culpa, vergüenza y remordimiento que flota libre.*

FASE III: DEPENDENCIA NOCIVA

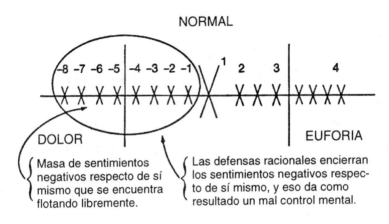

NORMAL

DOLOR   EUFORIA

Masa de sentimientos
negativos respecto de sí
mismo que se encuentra
flotando libremente.

Las defensas racionales encierran
los sentimientos negativos respecto de sí mismo, y eso da como
resultado un mal control mental.

Mientras vaya cargando esa masa flotante dentro de sí mismo, Ed *nunca* se siente bien cuando no está bebiendo, *y tampoco se siente bien cuando lo está haciendo*. En esta etapa ya no puede alcanzar la "subida" feliz de los viejos días. *Bebe para sentirse normal*, e ingresa a la Fase IV de la enfermedad.

FASE IV: BEBER PARA SENTIRSE NORMAL

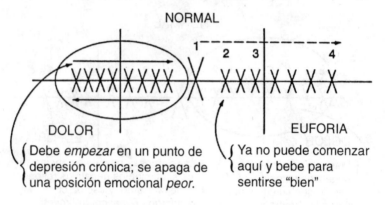

Comienza a beber en un punto debajo de lo normal, en donde ahora está viviendo su vida de sentimientos. Si bebe suficiente, se siente como se sentía cuando no bebía, pero lo terrible de esta fase es que cada "bajón" lo lleva cada vez más hacia la izquierda de la escala. Se siente *peor* que antes de que consumiera todos esos tragos que tomó para sentirse bien. Finalmente, él *debe* beber porque simplemente no soporta estar sobrio, y el dolor resultante es abrasador, pero vale la pena si puede sentirse normal, aunque sea unos momentos.

En la medida que esta enfermedad continúa, esta masa flotante sigue creciendo. La propia imagen de Ed sigue deteriorándose, su ego está más golpeado y, tarde o temprano, la racionalización sola es insuficiente para hacer el trabajo de cubrirlo y darle seguridad. En este punto, otro gran sistema de defensa entra en acción, igualmente inconsciente; llamamos *proyección* a este sistema.

La proyección es el proceso de descargar el odio que la persona tiene hacia sí misma en los demás; al igual que la racionalización, debe ser inconsciente para que pueda ser eficaz.

Ed se ve a sí mismo rodeado de gente odiosa. Si *ellos* cambiaran, ¡*él* estaría bien! Su jefe es un dolor de cabeza, Carolina es insoportable, los niños lo vuelven loco, los vecinos lo molestan, su madre está acabando con su paciencia. El empieza a verter sus malos sentimientos en esas personas.

FASES III Y IV: DEPENDENCIA NOCIVA Y BEBER PARA SENTIRSE NORMAL

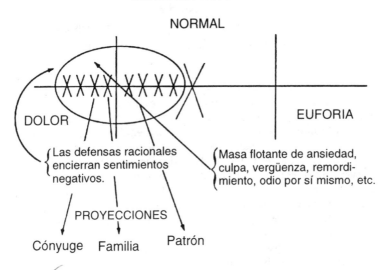

Lo que él *parece* estar diciendo es, "¡Los odio a todos!" Lo que *en realidad* está diciendo es "Me odio". Pero *él* no lo sabe, y usted tampoco lo sabe y, además, usted mismo también está atrapado en algunos poderosos sentimientos negativos.

De qué manera le afecta a usted la dependencia química

Tenemos un dicho: "El alcoholismo *incluye* a los alcohólicos". Lo que significa que la gente que rodea a una persona químicamente dependiente —el cónyuge, los hijos, el patrón, los vecinos los amigos— también es vulnerable a los efectos de la enfermedad.*

Este libro supone que usted está cerca de la persona químicamente dependiente que le preocupa y, precisamente debido a esta cercanía, tiene sus propios síntomas que

---

* No olvidemos a las víctimas más inocentes: los hijos no natos de las madres alcohólicas o drogadictas.

Existe ahora mucha evidencia de que beber alcohol durante el embarazo —incluso en cantidades moderadas— puede dañar al feto en desarrollo y dar como resultados un bebé de menor tamaño, retrasado, y/o físicamente deforme. El alcohol es una de las tres causas más comunes del retraso mental en Estados Unidos en la actualidad, y es la *única* de las tres que *puede prevenirse totalmente*.

El único curso seguro para la madre que espera es evitar el alcohol y las drogas por completo, a menos que el médico le indique otra cosa. También se recomienda la abstinencia mientras amamanta al bebé. Para más información sobre alcohol y embarazo:

Centro Especializado en Rehabilitación para Mujeres Adictas A.C.
Paseo de los Burgos 127.
Colonia Burgos, Casa Club Temixco
Morelos, c.p. 62584
Tel. / Fax: (01-777) 3 26 04 50
informes@clinicacerma.com
O en OCEÁNICA
Estero La Escopama s/n
Col. Playas del Delfín
Mazatlán sinaloa
C.P. 82148
Info@oceanica.com.mx
(55)5615-3333

debe manejar. Esta obra también supone que usted no es alcohólico ni drogadicto activo y, precisamente por esta distancia, usted debe poder reconocer y llegar a un acuerdo con esos sentimientos.

La relación que tiene usted con la persona químicamente dependiente ha dado lugar a muchos sentimientos desagradables y confusos. Veamos cuáles de los siguientes le resultan familiares; la mayoría se aplican a los miembros de las familias en las que uno o más individuos son químicamente dependientes, pero algunos también son relevantes para los compañeros de trabajo, los vecinos y los amigos.

Rabia

Puede parecer como si estuviera usted involucrado en una relación amor/odio con la persona químicamente dependiente. Usted ama a esa persona, pero detesta eso por lo que está pasando por la dependencia de esa persona. A veces siente rabia y resentimiento hacia ella.

Una causa de esos sentimientos hasta ahora ha sido su incapacidad para separar a la persona de la enfermedad; quizás ni siquiera estaba usted consciente de que la dependencia química es una enfermedad y no una condición que se elija. Lo que acaba de aprender debe ayudarle a hacer esa separación y ver la situación desde una perspectiva menos sombría.

Usted no se disgustaría con la persona porque se enfermara de gripa, es más le ofrecería ayuda porque quiere que se recupere.

La intervención es una forma de ayudar a un individuo a recuperarse de la enfermedad de la dependencia química. Es una serie de acciones positivas, constructivas y alcanzables que puede uno tomar para asegurar que él o ella se alivie.

Vergüenza

Durante alguna de las experiencias dolorosas que han resultado de la dependencia, tal vez usted se haya sentido avergonzado por esa persona, o tal vez la conducta de él o ella ha sido tan inapropiada o escandalosa que le ha puesto en vergüenza en frente de los demás. Es probable que haya sentido vergüenza de *usted mismo*, por relacionarse con la persona y por no poder hacer nada respecto a su conducta. La vergüenza es contagiosa y tiende a producir una autoestima baja en todos aquellos a los que toca.

Dolor

El dolor emocional puede ser muy grande y muy profundo. Duele mucho ver cómo alguien a quien amamos cambia a medida que progresa la dependencia. Duele verse envuelto en discusiones, o presenciar intercambios desagradables entre esa persona y los demás. Y, *realmente* duele cuando alguien le culpa *a usted* por su dependencia. "¡Si dejaras de molestarme, yo dejaría de beber"! "¿Quieres saber por qué bebo? ¡Mírate en el espejo!" "Todo lo que te interesa eres tú mismo, si me prestaras un poco de atención yo no necesitaría beber". Acusaciones como éstas nos desgarran el corazón.

Miedo e incertidumbre

Puede ser muy atemorizante vivir o trabajar con alguien que es químicamente dependiente. Usted no puede contar con esa persona, no sabe cuando se presentará la próxima escenita, si ambos son financieramente interdependientes, puede haber una causa real de preocupación respecto a cómo y cuándo se van a pagar las cuentas. Si la persona es propensa a ataques de ira, incluso puede temer por la integridad física de usted.

¿Y el futuro? ¿Empeorarán las cosas? O —y esta idea puede ser igualmente atemorizante, ¿seguirán igual?

Soledad

El estrés que existe en la relación con una persona químicamente dependiente da como resultado una interrupción de la comunicación normal. El amor, el respeto y el interés mutuo se pierden en las crisis de todos los días. El aislamiento que crea que la falta de apoyo y de una interacción gratificante conduce a una profunda y dolorosa sensación de soledad. Tal vez usted se sienta rechazado, que no lo aman y que lo están haciendo a un lado.

El deseo de ser perfecto

Los cónyuges y los hijos de las personas químicamente dependientes tienden a asumir algunas conductas específicas como un intento de protegerse de la rabia, la vergüenza, el dolor, el miedo y la soledad que surgen por encontrarse en una situación familiar de dependencia química. Una de estas conductas es el tratar de ser perfectos, lo que llamamos "demasiado bueno para ser verdad".

Éstos son algunos de los comportamientos "demasiado buenos" más obvios:

- Tener logros por la familia: en la escuela, el trabajo, los deportes, la comunidad.
- Hacer más de lo que le corresponde en la casa.
- Aconsejar a la familia y/o tratar de arreglar los pleitos y las relaciones.
- Ser amable, divertido, y entretenido en los momentos inapropiados, como un esfuerzo por aliviar las situaciones estresantes.
- No permitirse cometer errores; negar los que usted comete.

- Intelectualizar la situación: permitirse *pensar* en ella, pero no *sentirla*.
- Asumir una función paterna (aun cuando no sea un padre): disciplinar a los demás niños de la familia, preocuparse por las finanzas familiares, actuar como padres con los otros adultos.
- Tratar de cubrir las expectativas y de hacer felices a todos.
- Ser absolutamente obediente; *seguir siempre* todas las reglas.

¿Hay algo malo en ser "demasiado bueno"? Lamentablemente sí. Estas conductas funcionan para evitar que la persona químicamente dependiente experimente consecuencias perjudiciales por su dependencia. La constante búsqueda de usted de la perfección en realidad *le permite a esa persona* continuar siendo dependiente.

"Ser demasiado bueno" perpetúa la ilusión de que la familia no tiene problema, y ésta, también, es una forma de racionalizar, de cubrir las cosas, de fingir que todo está bien.

Rebeldía

El otro lado de la moneda de "ser demasiado bueno", la rebeldía, es también una forma de permitir que la dependencia continúe. Éstas son algunas conductas rebeldes vistas en las familias químicamente dependientes.

- Ser deshonestos.
- Llegar tarde al trabajo.
- Fingir en la escuela y en la casa.
- Violar las reglas de la casa.
- Desafiar la autoridad en casa, la escuela o el trabajo.
- Iniciar discusiones con los miembros de la familia o con los vecinos.

- Fastidiar y abusar de los demás haciendo bromas peligrosas o que pueden causar dolor.
- Molestar a los demás miembros de la familia, trabajadores o hijo de los vecinos.
- Rechazar a su propia familia y desarrollar una "familia" de amigos a quienes sus padres (cónyuge o hijo), no aprueban.
- Descuidar a los miembros de su propia familia o volverse verbal y/o físicamente abusivo.

La rebeldía aleja la atención, de una manera muy eficaz, de la persona químicamente dependiente y sus conductas inapropiadas, y ayuda a esconder el dolor que usted está sintiendo como resultado de esas conductas.

Apatía

Otro sentimiento que prevalece entre las personas que tienen algo que ver con una persona químicamente dependiente es la aparente *falta* de sentimientos. Éstas son algunas conductas apáticas:

- Alejamiento de la familia.
- Estar normalmente callado, sin ofrecer opiniones de ninguna clase, sean críticas o de apoyo.
- Alejarse de los demás.
- Rechazar pasivamente a la familia.
- Complacencia excesiva en fantasías o sueños despierto.
- Rechazo pasivo de todas las relaciones, tanto dentro como fuera de la familia.

La apatía puede tener apariencia de calma, serenidad, una actitud filosófica hacia los problemas, o aceptación de la situación. Sin embargo, por dentro, está sufriendo la misma turbulencia y ansiedad que todos los demás están experimentando.

Al igual que "ser demasiado bueno" y la rebeldía, la apatía permite a la persona químicamente dependiente avanzar en su enfermedad.

Culpa

Hemos descubierto que casi todas las personas que tienen algo que ver con un sujeto químicamente dependiente experimentan cierta sensación de culpa, grande o pequeña. Esta culpa puede surgir de la convicción de que no podemos ayudar, o la creencia de que cualquier cosa que se trate de hacer para ayudar está mal. (Después de todo, la persona químicamente dependiente no recibe con mucho agrado ninguna clase de ayuda).

Pero su fuente *principal*, por lo general, es la noción de que uno es, de alguna forma, responsable de esa dependencia química. Esto es parte del sistema engañoso que la enfermedad crea para protegerse.

3

El sistema de engaño de la dependencia química

Ya hemos hablado de cómo la racionalización y la proyección trabajan juntos para bloquear la conciencia de la persona químicamente dependiente de su enfermedad. Al mantener al alcohólico o al drogadicto fuera de la realidad, finalmente hacen que sea imposible para esa persona entender que existe un problema.

Desde afuera, pareciera que el individuo está mintiendo (Generalmente escuchamos que los alcohólicos tienen la etiqueta de mentiroso, y hasta mentirosos *patológicos*). La gente que está alrededor de la persona químicamente dependiente asume que sigue siendo responsable de la verdad y capaz de saberla y distinguirla de una falsedad; no pueden entender por qué, simplemente, él o ella no enfrenta el problema y no hace nada al respecto.

Si bien la racionalización y la proyección son daños psicológicos bastante devastadores por sí mismos, tres nuevas condiciones progresivas (e incluso más desconcertantes) inician durante las últimas etapas de la enfermedad. *Bloqueos, represión y recuerdos eufóricos* literalmente *destruyen* la capacidad de la persona para recordar lo que sucede durante algún episodio de drogas o embriaguez. Lo que antes era un mal control mental, ahora pasa a ser un *sistema de memoria fallido* a toda escala, o sistema de engaño.

Lo que sabemos acerca del sistema de engaño

Un sistema de memoria fallido es típico de la enfermedad de la dependencia química y está casi universalmente presente en quienes la padecen. También es una de las osas más difíciles de comprender por parte de las personas que los rodean.

Bloqueos

Si alguno de nosotros experimentamos un periodo en el que caminamos, hablamos, hicimos llamadas telefónicas y estacionamos el auto y después no recordamos nada (incluso después de hablar con los testigos), vamos con el médico para que nos haga un chequeo y encuentre una explicación; pero las personas químicamente dependiente sienten que esos bloqueos son parte de su forma de beber o de su consumo de drogas, y es una parte que no quieren analizar demasiado. Al contrario, se adaptan y aprenden formas de ocultar estos sucesos para poder seguir bebiendo o consumiendo drogas a pesar de ellos. *La disposición a tolerar los bloqueos repetidos como parte normal de la vida rara vez se presenta en la ausencia de la dependencia química.*

Un bloqueo es un *periodo de amnesia inducido químicamente*, y no debe confundirse con los desmayos o las pérdidas del conocimiento, que es una pérdida total de la conciencia que a veces ocurre como resultado de beber o consumir drogas en exceso. Durante los bloqueos, la gente puede seguir funcionando de una manera normal, y todos los que le rodean asumen que están en control completo de sus facultades… pero es hasta más tarde que la verdad aparece, cuando las víctimas son incapaces de recordar algo respecto al periodo de bloqueo, *y nunca lo recuerdan.*

Los alcohólicos y drogadictos que experimentan bloqueos han conducido autos, volado aviones comerciales, practicado cirugías y se han presentado en pleitos legales ante la corte. Han viajado a otros países y regresado a casa sin saber cómo lo hicieron, hecho citas, las tareas del hogar y asistido a fiestas. En pocas palabras, *toda* actividad que una persona puede hacer puede ser realizada durante un bloqueo.

La cantidad de alcohol o drogas consumidos parece no tener relación directa con la frecuencia o la duración de los bloqueos. Por ejemplo, una cantidad pequeña puede provocar uno, mientras abundantes cantidades no, y viceversa. Un bloqueo puede durar segundos, minutos, horas o días.

Mientras ocurre esta pérdida de memoria, las víctimas tienen cada vez más miedo, desconcierto y depresión. Con el avance de la enfermedad, las pérdidas de memoria se vuelven más frecuentes e impredecibles. La ansiedad comienza a acumularse, ("¿Qué hice anoche después de las 10?" "¿En dónde dejé el auto?" "¿Con quién estuve?" "¿En dónde escondí esa botella?").

Como las personas químicamente dependientes no recuerdan lo que sucede durante los bloqueos, no tienen las reacciones específicas a las cosas bizarras y la conducta anti-social que generalmente se presentan durante dichos bloqueos. En algunos casos, incluso los bloqueos se "bloquean". Se pierden grandes periodos. La culpa, la vergüenza y el remordimiento son vagos, indescriptibles y de ninguna ayuda en el auto-reconocimiento— como sería el recuerdo exacto de su conducta mientras bebían.

Un alcohólico en recuperación utilizó estas palabras para explicar el sentimiento que sigue después del bloqueo:

"Creí que me estaba volviendo loco, así que, cada vez que me pasaba, me obligaba a olvidarlo. Llegué a ser tan bueno en esto que realmente llegué a creer que las cosas "nada más se me escapaban de la mente de vez en cuando". Otro recuerda, "Yo pensaba que todos se quedaban en blanco de vez en cuando, cuando bebían mucho".

Como la ansiedad que resulta del bloqueo es muy fuerte, los alcohólicos o los drogadictos tienden a minimizarlo, desacreditarlo o no creer en lo que les dicen de su conducta durante los bloqueos. "Mi esposa (o esposo) siempre exagera estas cosas", se dicen a sí mismos y, finalmente, aceptan esto como una verdad. Este conflicto entre lo que dicen los demás acerca de su conducta y lo que ellos *se permitirán* creer, contribuye a un incremento en la sensación de que los demás están siendo "injustos" con su forma de beber o su consumo de drogas. El sistema de engaño coopera con ellos para esconder la verdad y en su creciente negación de la enfermedad. El resultado es una mayor confusión.

Regresemos a nuestros amigos Ed y Carolina para ilustrar estos puntos. Una noche, Ed y Carolina fueron a una fiesta a casa de sus amigos Stan y Elizabeth. A mitad de la velada, Ed trata de conquistar a la anfitriona. Todos en la casa lo ven y lo escuchan, incluida Carolina.

La mañana siguiente, Ed baja las escaleras sin prisa para desayunar. Carolina está furiosa preparando los huevos y azotando las puertas de los gabinetes. Ed entra en la cocina, se sienta en la mesa y toma el periódico— lo de siempre. Un momento después, comenta en tono casual, "Buena fiesta la de anoche, ¿te divertiste?"

Carolina no lo puede creer. Lo menos que esperaba era una disculpa…¡ y ahí está Ed con la cara en el periódico preguntándole si se divirtió!

"¿Acaso no *te acuerdas*?", le pregunta en tono acusador.

Ed vuelve la mirada hacia ella. "Acordarme ¿de qué? Me acuerdo que nos fuimos en el coche, le ayudé a Stan a preparar las bebidas, nos sentamos a cenar, comimos, hicimos bromas con los vecinos y luego volvimos a casa a dormir".

"Trataste de ligar con Elizabeth", dice Carolina. "Enfrente de todo el mundo, yo quería que la tierra me tragara en ese momento. ¿Cómo *pudiste* hacer eso?"

Ed se siente incómodo sin saber exactamente por qué. "¿A qué te refieres con cómo pude hacer eso? ¡Yo no pude hacer eso! ¡Yo no hice nada! Carolina, jamás haría tal cosa, debes haberlo soñado".

Ahora Carolina enfrenta dos terribles posibilidades, o Ed está mintiendo abiertamente— o quizás ella lo soñó. Descarta estas posibilidades y se le ocurre una tercera: Ed es un cínico que ni siquiera tiene la decencia de disculparse.

Más tarde, Ed llama a Stan con la intención de pedirle prestada la podadora. Por primera vez en su larga amistad, Stan está muy frío al teléfono. Ed no lo entiende, a menos que... No, eso es imposible. Él *no pudo* haber hecho eso tan terrible de lo que le está acusando Carolina.

Pero no recuerda nada de lo que sucedió entre la cena y el regreso a casa.

Represión

Si bien la represión da como resultado una falta de memoria similar a la causada por el bloqueo, es inducida *psicológicamente* y no químicamente.

Con el tiempo, las personas químicamente dependientes desarrolla la habilidad de reprimir los recuerdos no deseados o vergonzosos. Literalmente cierran su mente, siguen racionalizando algunas de sus conductas (aquellas que pueden enfrentar) y reprimen las que no pueden racionalizar.

Al igual que la racionalización, la represión es una habilidad humana de supervivencia. Nadie puede soportar el recuerdo de *todos y cada uno* de los momentos vergonzosos que hemos experimentado en nuestra vida; su magnitud nos abrumaría. Cuando una persona normal reprime un recuerdo específico, por lo general eso no tiene grandes consecuencias, ya que la conducta que llevó al recuerdo es poco probable que se repita. Pero cuando una persona químicamente dependiente reprime algo, es porque esa acción que provocaron dolor y vergüenza ha ocurrido más de una vez y es muy probable que vuelva a ocurrir y empeore con el paso del tiempo.

Cuanto más bizarra sea la conducta, más fuerte será el instinto de represión. Las manifestaciones externas de esto pueden verse en un mayor nerviosismo, resentimiento, hostilidad y auto-compasión, y finalmente, tendencias emocionales autodestructivas y suicidas.

Al igual que la racionalización, la represión se vuelve contraproducente y hasta destructiva cuando se le deja llegar demasiado lejos. Trabaja para llevar a la persona químicamente dependiente a fases más profundas de la enfermedad hasta que la verdad se vuelve virtualmente inaccesible... a menos que se traiga a la memoria a través de la intervención o de una fortuita agrupación de crisis.

Supongamos que Stan y Elizabeth son personas que saben perdonar y que invitan a Ed y Carolina a la siguiente fiesta que hacen. La conducta de Ed es peor esta vez, pues no sólo coquetea abiertamente con Elizabeth, sino que insulta a Stan, derrama varios martines sobre el jefe de Stan y se las arregla para romper una valiosa reliquia de familia mientras caminaba tambaleándose hacia la cocina.

Al despertar al día siguiente, Ed se alegra de despertar en su cama. ¡No queremos ni pensar en dónde podría haber despertado! Trata de salir de la cama, y se deja caer sobre las almohadas— tiene la peor resaca de su vida. Pero es sábado, y le dijo a Carolina que iba a hacer unos mandados y más le vale que los haga, pues tiene que compensar el hecho de que haberse ido de juerga la noche anterior... cuando le *prometió* que no lo haría. Así que, se levanta como puede de la cama, se pone la ropa y baja las escaleras.

En el camino se siente abrumado por una sensación de terror. No recuerda mucho de lo que sucedió la noche anterior, solamente tiene la sensación de que estuvo *mal*. Su inconsciente se va a trabajar. Puede dejar todos los recuerdos de la noche anterior en la superficie… o puede cerrarlos, enterrarlos, reprimirlos. En medio segundo, toma la decisión. Observe que no es premeditado, sino instintivo; la mente de Ed ya va en otra dirección, lejos de lo terrible de esos recuerdos. Ed piensa en lavar el auto, hacer las compras, traerle a Carolina una docena de rosas.

Mientras tanto, Carolina está fuera de sí. Ni siquiera está preparando el desayuno, así que si Ed quiere comer, ya sabe dónde está la estufa. En su lugar, ella está preparándose una taza de café y tiene una cara que parece un ogro.

Ed entra a la cocina y se encuentra con la mirada resentida de Croline. ¿Qué pasa? Su amada esposa, la luz de su vida, parece un demonio. Es muy probable que comience con reclamaciones. Tal vez él pueda apaciguar su ira una vez más, así que se acerca a ella, la abraza, le regala una gran sonrisa y pregunta, "¿Te está molestando algo?" No siente culpa ni vergüenza ni remordimiento porque no puede imaginar ninguna razón para sentirlo. Él realmente quiere ayudarla, hacer que se sienta mejor.

Ella lo empuja, rompe en llanto, y sale corriendo de la cocina. Ed queda pasmado. Arriba, detrás de una puerta cerrada con cerrojo, Carolina llora y se siente desesperada. ¿Cómo *puede* estar él tan tranquilo, tan amable? ¿Cómo puede él fingir que no pasó nada la noche anterior? A menos… tal vez… que todo esté en su cabeza.

Recuerdo eufórico

El tercer componente del sistema de engaño puede ser el más devastador y, ciertamente, es el más difícil de comprender y aceptar. La mayoría de las personas tiene cierto entendimiento de los bloqueos, y muchos tenemos alguna familiaridad con la represión, pero el recuerdo eufórico parece ¡evidentemente increíble!

Lo que hace es que resulte imposible para la persona químicamente dependiente evaluar su actual condición de manera precisa mientras está bajo la influencia de la sustancia. Ellos *realmente no saben* que no pueden hacer todo lo que son capaces de hacer en circunstancias ordinarias. Los recuerdos posteriores de la experiencia se enlazan a su incapacidad para evaluar su condición. Y esos recuerdos distorsionados están *implícitamente comprobados*.

Imagine al hombre que está obviamente intoxicado, pero se dirige a su auto con las llaves en la mano; él se siente totalmente capaz de conducir su auto hasta su casa. Todos los demás se dan cuenta de que es *incapaz* y tremendamente arriesgado, pero no pueden convencerlo. Cuando alguien finalmente logra quitarle las llaves, él reacciona con indignación y desconcierto.

A la mañana siguiente, mientras revisamos los sucesos de la tarde anterior, él recuerda que estaba bien, así como creía que estaba la noche anterior. A pesar de lo que su esposa o sus amigos le digan, él confía en su memoria implícitamente.

Las personas químicamente dependientes que son victimizadas por el recuerdo eufórico recuerdan cómo se *sentían*, pero no cómo se *comportaron*. No se acuerdan de las palabras arrastradas, los gestos exagerados ni el hecho de que caminara zigzagueando por toda la habitación. *Sienten* como si se hubieran expresado brillantemente y hubieran entretenido a todos con su ingenio y buen humor, y eso es lo que les queda de positivo.

Una mujer escuchó incrédula una cinta grabada de uno de sus episodios de borrachera. Antes de reproducirlo, su esposo le preguntó si se acordaba de *cómo* había dicho *lo que* había dicho la noche anterior. "Claro que me acuerdo", replicó. "Tomé algunos tragos, pero estaba perfectamente coherente". Y estaba convencida de ellos— hasta que escuchó su propia voz tartamudeando, farfullando y arrastrando las palabras de frases totalmente sin sentido. "Eso me golpeó muy duro", comentó. "¿Cuántas veces había recordado *sentirme bien* cuando en realidad me había *comportado* como una completa idiota?"

Un hombre lo expresó de esta forma: "Cuando decía a las personas que 'Sólo estaba siendo yo mismo' la noche o la semana anterior, creía que estaba hablando en sentido figurado, ¡pero era la verdad!"

Las personas químicamente dependientes que han avanzado hacia las últimas etapas de la enfermedad recuerdan *cada uno* de sus episodios de borrachera de manera eufórica. Aunque son incapaces de recordar los detalles, creen firmemente que se acuerdan de todo. Y lo que recuerdan con mayor claridad es lo bien que se sentían mientras estaban tomando.

Cualquiera que se atreva a discutir con ellos es un gruñón, un aguafiestas o, simplemente, está equivocado. "¿A que te refieres con que te conté ese chiste? Estás celoso porque nunca te acuerdas de nada" "¿No quieres bailar conmigo porque te piso? No es cierto, bailo excelente. Tal vez deba darte unas clases". "No seas ridículo, dame las llaves, yo conduzco".

Imagine cuántos conductores ebrios están en las calles todas las noches convencidos de que tienen pleno control de sus facultades.

Volvamos a Ed y Carolina una vez más. El no entiende por qué ya no los invitan a las fiestas de Stan y Elizabeth. Supo que hubo una la semana pasada y parece que estuvo muy divertida. Ese Stan es un aguafiestas, ¿quién lo necesita?

Además, está esa continua discusión con Carolina. Últimamente, cuando salen juntos —y ya no lo hacen muy a menudo— ella insiste en conducir de regreso a casa. Él le da las llaves para complacerla y para que lo deje en paz. Él siempre ha sido un conductor cuidadoso, y excepto por aquella infracción que no se merecía, nunca ha tenido problemas para esquivar a los demás vehículos.

Como si sus problemas con Carolina no fueran suficientes, su jefe está encima de él todo el tiempo con la producción. Tal parece que no se puede complacer a nadie en estos días. Ed está trabajando más duro que nunca, a pesar del hecho de que no se ha sentido muy bien. El médico dice que es el hígado, pero eso es imposible. Los borrachos son los que tienen problemas con el alcohol, no las personas como Ed.

Y aquí es donde lo dejamos, con sus amigos alejándose de él, su matrimonio en problemas, su trabajo también, y su salud deteriorándose. Todo le está saliendo mal. Lo bueno es que él no tiene problemas.

Cómo nos volvemos parte del sistema de engaño

Usted tiene una conversación con su cónyuge, y esto es lo que él o ella le dice: "Recuerdo perfectamente lo que pasó anoche, y no sé por qué siempre estás exagerando. ¿Por qué no puedes divertirte un poco en las fiestas, como yo? ¿Por qué no te relajas?"

Pero, ¿y las palabras arrastradas, y el andar tambaleante? "¿Qué hay con ellos? Estaba caminando bien, y hablé mejor que un locutor de radio. Así es como lo recuerdo y así *fue*".

¿Cómo es vivir con alguien así? Él o ella le mira directamente a los ojos y dice, "Lo que estás diciendo no ocurrió, no sucedieron así las cosas", y la reacción de usted es, "Tal vez no. Tal ves me estoy volviendo loco".

Cuando uno pasa mucho tiempo con un individuo que está atrapado en un sistema de engaño, es muy fácil quedar atrapado en él. ¿Cómo puede usted creer que ama a un mentiroso y borracho?

La racionalización, la represión y el recuerdo eufórico se combinan para mantener a la persona químicamente dependiente genuina y sinceramente fuera del contacto con lo severo o la gravedad de sus síntomas. Son difíciles de soportar e imposibles de comprender. Pero para muchos familiares y amigos de personas alcohólicas, la proyección es la más desagradable de todas; la proyección da como resultado que lo que preocupa a los demás sólo es percibido como un ataque personal, y lastima.

- "Si no fueras tan aburrido, la bebida no me parecería tan fascinante".
- "Quizás si sirvieras un platillo decente de vez en cuando, yo no tendría que comer en el bar de la esquina".
- "¿No puedes rasurarte y cortarte el pelo? Pareces un indigente, e insistes en tratar de esconder tu grasiento estómago en esos pantalones. Eres un asco".
- "Esos chicos pueden hacer que cualquiera beba. ¿No puedes hacer algo con ellos? ¿Qué clase de padre/madre eres?"
- "Si hubieras recibido ese ascenso tal vez tendríamos mejores cosas y podríamos irnos de vacaciones de vez en cuando, como los vecinos. Nunca has sido bueno para nada, y no sé ni por qué me casé contigo".

- "Mi mamá tenía razón. Me dijo que iba a cometer un gran error si me involucraba contigo, y vaya que lo hice".
- "Si fueras más mujer, yo no tendría que beber".
- "Si fueras más hombre, no tendría que beber tanto".

Mientras usted asimila lo más duro de estas defensas, su propia autoimagen se va deteriorando poco a poco y usted, también, comienza a buscar sus propias defensas, que en esencia son las mismas del alcohólico.

En la mayoría de los casos, el cónyuge o demás seres queridos asume uno o más de los siguientes roles. Veamos si alguno le parece familiar.

El Protector

Durante las etapas iniciales de la enfermedad, cuando los episodios de bebida o consumo de drogas de la persona químicamente dependiente ocurren con poca frecuencia, usted, inconscientemente, asume un estilo de vida que le hace adoptar la actitud defensiva del *protector* y esto le trae nuevas responsabilidades a usted, entre las que se incluyen:

- disculparse ante familiares y amigos por la conducta antisocial de la persona;
- llamar a su patrón para disculparlo por las faltas o retardos debidos al alcohol o las drogas; y
- apoyar las distintas racionalizaciones que la persona hace para lidiar con su forma de beber o su consumo de drogas.

Cada vez que se vea obligado a aceptar una de estas nuevas responsabilidades, su propia autoimagen disminuye un poco y sus defensas aumentan para ocultar la realidad de usted mismo. Sus propias racionalizaciones y represiones le hacen creer que "en realidad es la gripe" o "No estuvieron tan mal las cosas anoche". Al igual que las defensas de la persona químicamente dependientes, las suyas levantan un muro de auto-engaño que permite que la enfermedad avance y empeore.

De una manera lenta pero segura, estas defensas comienzan a controlar la vida de usted y, en la medida que su forma de beber o su consumo de drogas aumentan, también lo hacen las proyecciones espontáneas. Usted se convierte en el recipiente de más y más acusaciones, recriminaciones y represalias.

Aunque la persona químicamente dependiente en realidad está descargando en usted el odio que siente por ella misma, usted no lo sabe. Al contrario, se siente más y más culpable e incompetente. Se cuestiona su valía como cónyuge, como padre y/o como persona, y seriamente se pregunta si *usted* es la causa del problema.

En la medida que sus dudas aumentan, sus propias defensas crecen una vez más, y esta vez para bloquear la realidad de la forma de beber o el consumo de drogas de su ser querido y oculta los sentimientos negativos que usted tiene de usted mismo. No sólo está protegiendo a la persona químicamente dependiente, está protegiendo lo que queda de su propia autoimagen e integridad. Siente la necesidad de demostrar que sigue siendo un ser humano valioso y útil, así que se esfuerza por ser el cónyuge *ideal,* el padre *ideal,* la persona perfecta.

Y sigue alimentando a individuo químicamente dependiente, disculpándolo, poniendo excusas y apoyando las razones que él o ella tiene para beber o consumir drogas. Se logra engañar a sí mismo al pensar que, "Todo el mundo bebe con exceso de vez en cuando" y "Si yo cambio de alguna forma, esto desaparecerá".

El controlador

Mientras la bebida o el consumo de drogas y la proyección continúen, su sentido de sí mismo se irá deteriorando aún más, y *usted* se siente también más responsable de la conducta de la otra persona. Su auto valía disminuida fortalece su creencia cada vez mayor de que, de alguna forma, usted es la causa. En un intento inconsciente de recuperar algunos sentimientos de valía, adopta la actitud del *controlador*, y asume nuevas conductas, entre las que se incluye:

- beber con el alcohólico (o consumir drogas) con la esperanza de limitar la ingesta de él;
- cancelar todo evento social que pueda terminar en una borrachera o un consumo de drogas excesivo;
- comprar usted mismo el licor o las drogas en un intento por mantener esas compras bajo control;
- tirar o esconder cantidades extra de licor, o deshacerse de las drogas;
- alegar que si él o ella le amara a usted y a sus hijos, él o ella dejaría de beber o drogarse (o lo haría menos);
- hacerse cargo de las finanzas familiares.

Las proyecciones de la persona químicamente dependiente transmiten el mensaje constante de que, "Si no fuera por mí, no habría problema". La forma de beber o de consumir drogas de la persona se convierte en una manifestación externa de la incompetencia interna de usted. Sus sentimientos de auto-valía están directamente relacionados con la forma de beber o las drogas de aquella persona; en otras palabras, *usted* no puede sentirse a gusto consigo mismo hasta que *él o ella* haga algo con el problema.

Está atrapado en una espiral descendente, y cuanto más trate de controlar la ingesta de alcohol o drogas de la persona químicamente dependiente, más consume ella y, cuanto más consume ella, más inadecuado se siente usted; y cuanto más inadecuado se siente, más compul-sivamente trata de controlar la forma de beber o el consumo de drogas de ella. Y así continúa, haciéndose cada vez más estrecha, limitada y aterradora la situación.

El acusador

En un vano y desesperado intento por manejar su constante y creciente sensación de baja auto-valía, incorpora el papel de *acusador* a su muro de auto-engaño, y comienza a proyectar sus sentimientos de fracaso, dolor, miedo y rabia en los demás, principalmente y con más frecuencia la persona químicamente dependiente, ya que él o ella parece ser la causa de todos los problemas que usted tiene.

- "Si bebieras como las demás personas, yo no sería tan gruñón".
- "Si tuvieras un poco de fuerza de voluntad, podrías controlar tu forma de beber o lo que consumes de drogas. ¡Yo controlo el la mía!"
- "Ah, sí, seguro. Otra llanta ponchada, como la que tuviste la semana anterior, y la anterior".
- "Si no haces algo por ti mismo, me iré con los niños".
- "O dejas de beber (o de consumir drogas) o este matrimonio se acaba".

Desde luego, usted no siempre usa las palabras… una actitud fría y una mirada dura son igualmente eficaces.

Conforme avanza la enfermedad, usted experimenta cambios de humor más incontrolables e inapropiados, y fluctúa entre largos periodos de depresión a ataques violentos de rabia y hostilidad que a menudo son desencadenados por enfados menores. Estos cambios de humor le dejan desconcertado y convencido de que se está volviendo loco. Sus defensas acuden al rescate y bloquean todo el impacto de estos sentimientos, lo que a su vez le impide tener la capacidad de reflexión necesaria que puede liberarle de su prisión de rabia y desesperación.

El solitario

Poco a poco usted pierde toda capacidad para mejorar su propia autoestima; se encuentra atrapado en un patrón auto-derrotista al relacionarse con los demás y que ahora afecta todos los aspectos de su vida. Otros miembros de la familia y los amigos comienzan a sentirse incómodos con usted porque constantemente se pone a la defensiva.

- "Soy lo único que mantiene unida a esta familia".
- "¿Por qué no puedes ser como…?" "¡Te lo dije!"
- "Lo que hago por el bien de los niños…" "La vida que podría tener si no fuera porque…" "Lo que vaya a ser, va a ser…"

El resultado de semejante conducta es aumentar el alejamiento de sus familiares y amigos, y usted comienza a sentirse como si estuviera completamente solo en el mundo.

El condescendiente

Al final, sus propias defensas están tan altamente desarrolladas que no puede ver cómo están ayudando a empeorar las cosas. Al asumir cada vez más responsabilidad por la persona químicamente dependiente, a través de los roles de *protector, controlador y acusador,* se transforma en un completo condescendiente.

La conducta de usted permite a la persona químicamente dependiente evitar las consecuencias de su forma anormal de beber o consumir drogas, y sus intentos compulsivos y desesperados por manipular y controlar eso, en realidad lo están *apoyando*.

El resultado es que la situación continúe empeorando; tanto usted como la persona químicamente dependiente se sienten más disgustados, aislados y marginados.

El Co-dependiente

A menos que la enfermedad de la dependencia química se controle y *usted busque ayuda para usted mismo* también, pasará de la condescendencia a la *co-dependencia*. Al igual que la persona químicamente dependiente, usted no está en contacto con la realidad y no puede ver de qué manera sus propias defensas le mantienen encerrado en una vida llena de hostilidad, auto-compasión y soledad. Sigue recogiendo los pedazos después de cada episodio mientras, al mismo tiempo, se vuelve más protector, controlador y condenador. Y además le sigue ocultando de la realidad a esa persona y a usted mismo.

En esencia, ahora está sufriendo de la misma enfermedad. Es predecible, progresiva y crónica, y puede ser fatal.

*   *   *

Hay otro papel para usted, uno que puede revertir este proceso de deterioro y conducir hacia la recuperación, tanto para usted como para la persona químicamente dependiente, es el papel de el que *interviene*.

Antes de hablar de esto, observemos brevemente otros enfoques comunes que inevitablemente resultan ser ineficaces: *confrontación inapropiada y compasión*.

Una esposa, cuando se le preguntó si alguna vez había confrontado a su esposo respecto a su condición de adicto, respondió, "¡Ya no me queda nada en la casa para lanzarle!" Para ella, confrontación significaba lanzarle cosas, y si bien esto puede aliviar su frustración provisionalmente, no ayudaba en nada a su esposo.

Él ya se sentía tan mal con su forma de beber que, consciente o inconscientemente, cría que *merecía* ser castigado. Siempre que su esposa lo complacía, él reemplazaba su sentimiento de culpa con resentimiento y auto-compasión... y continuaba con su adicción.

Un grupo de alcohólicos en recuperación que habían estado sobrios algunos periodos desde unos cuantos meses hasta 10 años o más se les pidió que examinaran en retrospectiva cuáles personas habían sido más útiles para hacer que reconocieran su alcoholismo. ¿Qué habían hecho dichas personas? ¿Cómo habían traspasado su muro defensivo?

Los informes revelaron que la mayoría de las "confrontaciones" fueron superficiales y mostraron sólo un entendimiento superficial de la dinámica del alcoholismo; en vez de que los confrontaran con su condición como un desorden progresivo y mortal que afectaba toda su vida, estos alcohólicos en recuperación recordaron que les dijeron cosas como, "Tal vez debas dejar de beber. Parece que ya no puedes hacer esto como antes". Su respuesta usual, apoyada por el sistema de defensa bien desarrollado de la dependencia química era igual de superficial: "Puedo hacerlo tan bien como antes, o mejor de lo que tú lo haces".

Siempre que su condición es relacionada sólo con ocasiones, cantidades o conductas conectadas con su forma de beber o su consumo de drogas, las personas químicamente dependientes no encuentran ninguna amenaza seria en sus defensas, pues han manejado estas situaciones innumerables veces.

Pueden seguir sintiéndose cómodas mientras dicen, "*¿Acaso no todo el mundo comete los mismos errores?*" *No se ven a sí mismos tan diferentes de las demás personas normales* *o sanas* que "también pierden los estribos en ocasiones y tienen problemas".

Lo que se necesita es una muestra de la realidad, la cual puede demorarse o prevenirse cuando las personas interesadas recurren a una confrontación inapropiada, o a la compasión. La compasión podría hacerles sentir mejor, pero todo lo que hace por las personas a las que se está tratando de ayudar es reducir su nivel de ansiedad. Pueden vivir con su dependencia de una manera menos dolorosa y, por lo tanto, menos realista. Los dos enfoques retrasan el momento de la verdad que sólo la intervención puede lograr.

El que interviene

La adopción exitosa de este positivo papel comienza con un entendimiento o conocimiento de la naturaleza de la dependencia química. Al aprender acerca de la enfermedad, puede usted reducir parte de la culpa irracional que siente por la condición de la persona químicamente dependiente.

También debe estar consciente del grado de su propia co-dependencia, pues sus reacciones compulsivas han bloqueado gran parte de sus propios sentimientos negativos respecto a usted mismo y le impide entenderlos. Estas defensas se debilitan una vez que usted comienza a identificar y examinarlos cada vez que aparecen. En la medida que muchos de sus sentimientos previamente ocultos emergen y están a su alcance, usted puede explorarlos y aliviarlos— y darse cuenta de que *usted no es responsable de lo que está sucediendo con la persona químicamente dependiente.* Cuando logra usted apartar su propia valía de la adicción de esa persona, puede evitar caer en la trampa de reaccionar, de manera espontánea, a la enfermedad y, en su lugar, desarrollar la libertad de elegir una respuesta útil y significativa ante el individuo y la enfermedad. Esa respuesta útil y significativa —la intervención— es el tema de la segunda parte de esta obra.

*   *   *

Al comenzar a leer la Parte II, se dará cuenta de que la intervención toma tiempo, que no puede lograrse de la noche a la mañana, y que usted no debe intentar hacerla hasta que sienta que está listo, pero *hay* dos cosas que puede hacer desde *ahora*.

1. *Si usted tiene el hábito de confrontar de manera inapropiada a la persona químicamente dependiente, DEJE DE HACERLO.*
   Esto le impedirá a esa persona hacer una racionalización mayor de su forma de beber, y el castigo que él o ella siente que se "merece" y le da autorización para volver a beber o a consumir drogas.

2. *Si está usted acostumbrado a proteger a la persona químicamente dependiente, DEJE DE HACERLO.*
   Déjela que enfrente las consecuencias de su forma de beber o consumir drogas, aunque se trate de problemas con la ley. La enfermedad quedará más expuesta ante los ojos de esa personas y la volverá más vulnerable a la intervención.

Finalmente, conforme vaya aprendiendo y preparándose para la intervención, recuerde que también hay ayuda para usted. En el mismo punto es posible que usted quiera considerar, en forma seria, el hecho de buscar tratamiento para sí mismo, y parte del trabajo que estará haciendo antes de la intervención puede mostrarle en dónde encontrar esa ayuda. Sin embargo, su interés *principal* e *inmediato*, debe ser el de ayudar a la persona químicamente dependiente. La necesidad de esa personas es mayor que la de usted, y se vuelve más urgente con cada día que pasa.

Segunda parte

La intervención en la dependencia química

4

Cómo prepararse para la intervención

La intervención es un proceso mediante el cual los efectos nocivos, progresivos y destructivos de la dependencia química se interrumpen y la persona químicamente dependiente recibe ayuda para dejar de consumir sustancias químicas que alteren su estado de ánimo y para desarrollar formas nuevas y más sanas de cubrir sus necesidades y enfrentar sus problemas. Implica que la persona necesita encontrarse en una especie de naufragio emocional o físico (o "toque fondo") antes de que esa ayuda pueda proporcionársele.

Hay una forma más corta y más simple de definir la intervención: *presentar la realidad a una persona que no está en contacto con ella de una manera que la pueda recibir.* Hemos analizado las diversas defensas con las que la persona químicamente dependiente se protege del dolor y la realidad debilitante de su enfermedad y sus efectos. El objetivo de la intervención es romper con esas defensas de manera que la realidad pueda brillar el tiempo suficiente para que la persona la acepte.

Al "presentar la realidad", nos referimos a presentar *hechos específicos* respecto a la conducta de la persona y las cosas que han sucedido a causa de ello. "De una manera que la pueda recibir" es aquella a la que la persona no puede resistirse porque es *objetiva, clara, sin prejuicios y con amor.*

La intervención es una confrontación, pero difiere en ciertos aspectos muy importantes de la clase de confrontación con la cual casi todos estamos familiarizados y que tiene muy poco o ningún efecto positivo.

En una intervención, la confrontación significa convencer a la persona de enfrentar los hechos respecto a su dependencia química. No es un castigo y tampoco es una oportunidad para que los otros le critiquen dura ni verbalmente. Es un ataque al muro de defensas de la víctima, no a la víctima como persona.

Del mismo modo, una intervención es un acto de empatía más que de compasión o lástima. Usted acepta tomar parte de ella por la preocupación que siente hacia el sujeto químicamente dependiente. Deja usted de *preocuparse por* el alcohólico o el drogadicto, y comienza a demostrarle cuánto *le interesa.*

Para la persona químicamente dependiente, la intervención es el "momento de la verdad" que él o ella lo experimenta como una crisis, un suceso diferenciado; en realidad, toma días, incluso semanas, de preparación anticipada. *Cuanto mejor preparado esté usted, más suavemente y sin problemas ocurrirá la intervención.* Las únicas "sorpresas" durante el proceso deben ser las que la víctima experimente cuando al final se encuentre cara a cara con la realidad de su enfermedad.

Supere su renuencia

Es posible que tenga que comenzar por convencerse a sí mismo de que la intervención es el mejor enfoque, y el mejor momento para iniciar este proceso es *ahora.*

Es normal ver la intervención con renuencia o incluso temor. Puede preocuparle el hecho de que las cosas empeoren, y es posible que se sienta usted desmoralizado, como si nada fuera a servir ni nada fuera a cambiar. También puede sentirse disgustado y resentido; quizás ya esté tan cansado de la situación que ya no le interese ayudar.

A continuación incluimos algunas preguntas que tal vez deba hacerse usted mismo, y algunas respuestas que pueden motivarle a entrar en acción.

"¿Por qué ahora?"

Cuanto más se tarde, más sufrirá la persona y más peligrosa se volverá la enfermedad. La incapacidad permanente (incluido daño cerebral) e incluso la muerte prematura son inevitables a menos que el proceso destructivo se interrumpa de manera adecuada. Cuanto mas pronto suceda, más probabilidades habrá de que la persona se recupere.

Los estudios señalan que aquellos alcohólicos cuya enfermedad dio como resultado algunos desórdenes físicos, económicos o sociales tuvieron procesos de recuperación más difíciles y prolongados.

Por otro lado, existe evidencia de que, en donde no se ha quebrantado la salud física, el trabajo no se ha perdido y la familia ha permanecido intacta, los alcohólicos se han recuperado con más frecuencia y con mayor rapidez.

"¿Por qué yo?"

Si ya leyó la primera parte de este libro, ya sabe bastante de la dependencia química —probablemente mucho más que la mayoría de las personas cercanas al adicto. Por tal motivo, usted puede desempeñar un papel muy importante en el proceso de educar a los demás respecto a la enfermedad.

Además, si no es usted, ¿entonces quién? ¿Alguien le ha hablado de la necesidad de intervenir con esa persona?

Si no es así, tal vez se deba a la trampa en la que se encuentran los demás dentro del sistema de engaño. Es posible que ellos ya ni vean a la enfermedad por lo que es, si alguna vez lo hicieron; o tal vez estén esperando a que "algo suceda" para cambiar la situación.

Usted sabe lo peligroso que es esperar. Si nadie más toma acción, y a usted realmente le interesa esa persona, entonces *debe* dar los pasos para detener el progreso de la enfermedad.

"He sabido de personas que simplemente iniciaron el tratamiento; tal pareciera que de repente se dieran cuenta de que tenían un problema. ¿Puede sucederle eso a la persona que yo conozco?"
Es posible, pero no probable. Lo que está usted buscando es lo que llamamos *comprensión espontánea*, que en realidad no es nada espontánea.

El síndrome emocional y el sistema de engaño de la dependencia química se combinan para hacer virtualmente imposible para la persona químicamente dependiente admitir o incluso reconocer que tiene un problema. De vez en cuando, y esto es *muy* raro, tantas cosas saldrán mal al mismo tiempo que un fragmento de realidad logra atravesar el muro de las defensas. (En retrospectiva, la persona en recuperación afirmará que "todo se fue al diablo en un santiamén"). Estas *crisis fortuitas* resultan tan abrumadoras que la persona prácticamente huye de lo que sucede y busca tratamiento. La vida llega a un punto tan crítico que él o ella puede tomar el teléfono y pedir ayuda, ir a desintoxicarse, o unirse a Alcohólicos Anónimos.

Pero esto no sucede siempre y no podemos darnos el lujo de esperar a que ocurra; recuerde que estamos hablando de *cierta muerte prematura* si la enfermedad no se controla.

La gente que llega a este punto —aquellos que han sido salvados por series de crisis fortuitas— es la que ha enfermado más. En el Instituto Johnson, nuestro objetivo es llegar a "todos" no a los "que se pueda", y la intervención temprana es la manera de lograr esto.

"No estoy casado con la persona, sólo somos amigos. ¿La intervención no parecerá como que estoy interfiriendo en su vida privada?"
Ésta es una preocupación genuina para algunas personas. A casi todos nos educaron para ser diplomáticos, respetar la privacía de los demás y ocuparnos de nuestros propios asuntos. No queremos ser groseros ni crueles, lo que tal parece que requiere la intervención que seamos.

No es ninguna grosería ayudar a una persona enferma, y no es cruel salvar la vida de alguien. De hecho, la intervención es un acto de amor muy profundo.

"La intervención parece algo tan sigiloso— incluso furtivo o solapado. No me agrada la idea de andar cuidándole la espalda a nadie".
La intervención es todo lo contrario a lo sigiloso; en realidad, ayuda a todo el mundo —desde cada una de las personas interesadas que participan, hasta el propio individuo químicamente dependiente—, finalmente, a romper la "regla del silencio" bajo la cual han estado todos viviendo.

Es un gran alivio para el cónyuge, el hijo, el vecino, el compañero de trabajo poder hablar de lo que ha visto y vivido. Por fin, ¡todos pueden decir las cosas como son!

Sin embargo, primero deben hacerse ciertos preparativos, y el grupo debe organizarse en un proceso. Habrá que decidir dónde, cuándo y de qué manera la persona químicamente dependiente será abordada, y todo esto debe hacerse sin alertar los sistemas de defensa de la persona, los cuales ya se encuentran en un punto patológico. El objetivo más importante es abordar a la persona cuando tenga más probabilidades de escuchar *y oír.*

Revelar la naturaleza de estos preparativos deberá ser parte de la intervención. En esa ocasión, usted podría decir algo como esto: "Todos hemos pasado momentos difíciles las últimas semanas. Nos hemos estado reuniendo a causa tuya, y hemos querido tenerte confianza, pero no habíamos podido. Finalmente, hoy podemos". O, "Vamos a decirte todo ahora. No hemos estado detrás de ti, más bien, hemos tratado de juntar todo para poder decirte las cosas de manera apropiada y que te sirvan".

Si le preocupa que la persona pueda disgustarse o se ponga a la defensiva, recuerde esto: muchísimos alcohólicos en recuperación han dicho después, "¡Gracias a Dios que alguien supo y se preocupó lo suficiente para hacerme esto!"

Cómo reunir al equipo de intervención

La intervención debe llevarla a cabo un equipo comprendido por dos o más personas cercanas a la víctima y que hayan sido testigos de su conducta mientras se encuentra bajo la influencia del alcohol o las drogas. Los sistemas de defensa de la persona químicamente dependiente están muy desarrollados para poder ser enfrentados por una sola persona.

Hay muchas ventajas si esto se hace en grupo. Primera, la víctima inmediatamente se da cuenta de que la situación es grave cuando es enfrentada por varias personas que dicen las mismas cosas; resulta más fácil hacer caso omiso de las afirmaciones de un solo individuo (en particular si ya antes ha tratado de hablar del tema de la bebida o las drogas); pero es más difícil cuando tales afirmaciones se hacen casi a coro. Un grupo tiene el peso necesario para abrir la brecha hacia la realidad.

Como dice el viejo dicho: "Se reirá si alguien le dice que tiene una cola, pero si tres personas se lo dicen, ¡entonces se volverá a ver!"

Segunda, puede sentirse con más valor y fortaleza usted al tener el apoyo de otras personas durante este suceso potencialmente doloroso. La persona químicamente dependiente va a reaccionar de diversas formas negativas, y es mejor que no esté usted soportando solo todo ese peso. Y, tercera, más personas pueden presentar más evidencia de que el problema existe. A menos que usted haya estado con la víctima a cada segundo de la enfermedad, ¡no ha visto todo!

Por eso, el proceso de intervención comienza por reunir a un grupo de personas que, como usted, realmente quieren ayudar.

PASO 1: Haga una lista de individuos importantes, además de usted, que estén cerca de la persona químicamente dependiente.
La clave aquí es importante, es decir, personas con las que la víctima tiene una relación estrecha, ya sea por necesidad o por elección. Deben ejercer una fuerte influencia en ella, ya que su negación echará de lado los esfuerzos de los demás. *No* deben ser químicamente dependientes, pues la gente que no ha logrado controlar su propia enfermedad es poco probable que quiera señalar los síntomas en otra persona, aun cuando pueda hacerlo. Y la persona químicamente dependiente no es muy probable que haga caso de alguien que está en las mismas condiciones.

Si la persona es casada y usted no es su cónyuge, entonces éste (o alguien significativo para ella) debe estar en el primer lugar de la lista. Él o ella puede ayudarle a determinar otros miembros potenciales de entre lo siguiente:

- el patrón o el supervisor inmediato de la persona químicamente dependiente.

Puede resultar *extremadamente* útil contar con el patrón o el supervisor como parte del equipo de intervención. En nuestra sociedad, la identidad de las personas se centra alrededor de su empleo, y los individuos químicamente dependientes a menudo se aferran a su desempeño en el trabajo como el último bastión de respeto a medida que la enfermedad va destruyendo el mundo a su alrededor. Lo usan como una "prueba" de que no tienen ningún problema: "Jamás he faltado al trabajo en mi vida a causa de la bebida". (Una mirada franca a su desempeño por lo general acaba con este mito). A veces, el patrón logra intervenir con más eficacia que un miembro de la familia o un amigo, simplemente porque posee esa carta tan importante.

- los padres de la persona químicamente dependiente.

Es más conveniente si viven en el área, pero si no, tal vez quiera usted considerar la posibilidad de involucrarlos.

Los hermanos son otra buena posibilidad, también, dependiendo de su lugar de residencia.

- los hijos de la persona químicamente dependiente.

Los hijos pueden ser una parte valiosa del equipo de intervención; en la mayoría de los casos, ellos están muy conscientes de que existe un problema. Como *pauta* general, recomendamos que se pida participar a los hijos de por lo menos ocho años de edad, pues deben ser capaces de expresar con palabras lo que sienten y describir las conductas que han presenciado (y la decepción que han sentido).

Los adultos a menudo se preguntan si los niños sentirán temor o disgusto por la intervención, pero hay muchas probabilidades de que ya hayan sido dañados por los efectos de la enfermedad de su padre. En el entorno de la intervención, finalmente tendrán la oportunidad de hablar y de ser apoyados por otros adultos. Esto puede ser un gran alivio, en particular si han estado ocultando sus propios sentimientos de temor, confusión, rechazo y dolor.

Hay otra forma en la que los niños tienden a beneficiarse con la intervención: explicarles la enfermedad puede ayudarles a entenderla mejor y esto, a su vez, puede servir para fortalecer la relación entre ellos y la víctima.

- los amigos o vecinos cercanos de la persona químicamente dependiente.

Si bien la persona químicamente dependiente puede socializar principalmente con un grupo de "amigos bebedores" o consumidores de droga, pueden "quedar" algunos viejos amigos de épocas previas a la enfermedad, amistades nuevas que no sean bebedoras ni consumidoras de drogas. Estos dos criterios le ayudarán a usted a decidir a quiénes invitar al grupo: 1) ¿La persona les escucha y respeta su opinión y sus puntos de vista? 2) ¿Han estado ellos cerca de la persona en sus episodios de consumo de la sustancia tóxica y han sido testigos de su conducta bizarra o inusual? En otras palabras, ¿tienen conocimiento de primera mano de la manera como la enfermedad afecta a la persona?

El auto-engaño de la víctima generalmente puede ser penetrado sólo por aquellos cuya aprobación o estima es esencial para su auto-imagen. En el nivel emocional, esto a menudo se refiere a miembros de la familia inmediata y el patrón. Sin embargo, con frecuencia los amigos pueden ser especialmente eficaces para ayudar a la persona de cara a su conducta. Él o ella pueden haber racionalizado que la forma de beber de la persona es tan solo un síntoma de un problema familiar. Escuchar a alguien que está fuera del círculo familiar puede ayudar a destruir esta racionalización.

- compañeros de trabajo.

Deben ser personas con quien la víctima trabaja de manera regular, quizás con las que comparte la misma oficina o han colaborado en un proyecto de largo plazo. De nuevo, la víctima debe sentir respeto por ellas, y éstas deben tener conocimiento de primera mano de la situación.

- un miembro del clero.

Si la víctima asiste a la iglesia o la sinagoga, el pastor, sacerdote o rabino puede ser una parte vital del equipo y siempre y cuando personalmente posea información útil. Éste puede ser con conocimiento de primera mano de la conducta de la víctima, o experiencia extensiva en el trabajo con otras personas químicamente dependientes.

PASO 2: Forme el equipo de intervención
Ahora debe ponerse en contacto con las personas de su lista y pedirles que participen en la intervención. (Si la lista resulta muy larga, tal vez quiera reducirla, pues un grupo grande puede ser difícil de manejar; de hecho, nuestra experiencia ha demostrado que los grupos de 3 a 5 personas son los más efectivos).

Los mejores miembros del equipo son aquellos que *saben algo acerca de la dependencia química, están dispuestos a poner en riesgo su relación con la víctima y son emocionalmente adecuados* para intervenir.

El amigo o compañero de trabajo que insiste en que el alcoholismo o la drogadicción son un signo de "debilidad moral" no será de mucha ayuda durante la intervención. Cada miembro del equipo debe tener suficiente conocimiento de la dependencia química para:

a) aceptar la definición de adicción como una enfermedad en la que la fuerza de voluntad "normal" es in-
adecuada para controlar el consumo de la sustancia
química;

b) darse cuenta de que el efecto de la sustancia química
en sí reduce aún más la resistencia de la fuerza de voluntad "normal";

c) darse cuenta de que la víctima, debido a la necesidad
de explicar su conducta, ha desarrollado un sistema
de defensa tan eficaz que da como resultado un alto
grado de auto-engaño, incluida la incapacidad para
reconocer la verdadera naturaleza de la enfermedad;

d) entender que debido a este grado de auto-engaño, la
víctima es *absolutamente incapaz* de ver su conducta con
claridad, que es la razón por la que la ayuda debe provenir de fuera; y

e) darse cuenta de que la dependencia química no es tan
solo un mal hábito, y que la víctima vivirá o morirá
basado en lo que sucede durante la intervención y después.

Tal vez se vea usted dando alguna instrucción o información particular. Con el simple hecho de leer la primera parte de este libro, usted ya ha aprendido mucho respecto a la
dependencia química, así que, comparta esta información
con los miembros prospecto del equipo.

Espere un poco de resistencia, en particular cuando se
trate de hacer un compromiso para desempeñar un papel
activo en la intervención. La gente se sentirá feliz de hablar
con usted acerca de la forma de beber o la adicción de la
persona y lo que sienten al respecto (en particular si se sienten personalmente ofendidos o heridos por ello), pero es
un asunto totalmente diferente poner en la línea la relación
con la víctima. Eso puede ser atemorizante.

Un cónyuge dirá, "Acepto, mi esposo tiene un problema, pero si hago lo que me estás pidiendo, ¡me pedirá el divorcio!" Un amigo puede comentar, "No me volverá a hablar; de seguro perderé su amistad". Un hijo afirmará, "Papá se enoja mucho cuando le hablo de su forma de beber". Un supervisor podrá opinar, "Tenemos tanto trabajo que no sé si pueda soportar agitar las aguas. ¿Y si sale con que se le está discriminando o algo parecido, y se va a quejar con mi jefe?"

Se pueden contrarrestar estos argumentos de diversas formas; por ejemplo, con el hijo, basta con explicarle que papá (o mamá) está muy enfermo y necesita ayuda pronto. Muchas compañías hoy en día tienen por lo menos una idea respecto a la extensión del problema de la dependencia química, e incluso algunas tienen asesores dentro de su nómina para asistir a los empleados.

Pero el argumento final es el más simple. *Si no hacen nada, la persona químicamente dependiente morirá prematuramente*, y esto reduce las cosas a dos alternativas: pueden intervenir y poner en riesgo su relación con la persona (que ya está deteriorado como resultado de la enfermedad), o pueden no hacer nada y ver cómo muere lenta e inoperablemente.

El criterio final es la suficiencia emocional. La intervención no debe intentarla personas que estén tan angustiadas que puedan hacerse daño solas o interrumpir el proceso. Del mismo modo, no deben intentarla personas que quedan paralizadas de miedo o tan llenas de rabia hacia la persona enferma que no puedan ver más allá de eso.

Cómo reunir la información

Hay dos tipos de información que usted debe recopilar al preparase para la intervención: hechos acerca de la conducta de la persona al beber o consumir drogas, e información acerca de las opciones de tratamiento.

PASO 1: Haga una lista por escrito de los incidentes específicos o condiciones relacionadas con la forma de beber o el consumo de drogas de la víctima que haga legítimo su interés.
Esto es algo que cada miembro del equipo de intervención debe hacer. Incluso los niños pueden hacer una lista o pedir a los adultos su ayuda para expresar por escrito, y con sus propias palabras, lo que han experimentado.

Estas listas deben escribirse en segunda persona porque se van a leer en voz alta frente a la víctima durante la intervención. ("Tú hiciste esto y esto" no "Mi esposo hizo esto y esto"). Y deben ser *muy* específicas. Las generalizaciones: "Bebes demasiado", "Tienes que dejar de beber", "Tu forma de beber es cada vez peor", "Siempre estás lejos", son inútiles y hasta perjudiciales porque se sienten como ataques personales.

Cada punto debe describir, de manera explícita, un incidente en particular, de preferencia uno que el que lo escribió lo observó de primera mano. Estos son algunos ejemplos:

- "El jueves pasado, a las 8 de la noche llegaste hablando con las palabras arrastradas, tambaleándote, y rompiste la lámpara de la mesa de la sala. Tal vez no lo recuerdes pero, obviamente, habías estado bebiendo".
- "El lunes, cuando fui a la lavandería, encontré otra botella vacía en el cesto de la ropa sucia".

- "El mes pasado tuvimos que romper tres veces un compromiso para cenar porque habías bebido en exceso los días anteriores".

- "Jim habló conmigo después de la reunión del viernes y me dijo que le preocupaba mucho tu forma de beber. Insultaste al orador y a varios invitados, y él tuvo que llevarte a casa en su auto".

- "Nuestros vecinos mencionaron esta mañana que han notado lo distraído que te has vuelto este año. Se preguntan si te pueden ayudar en algo".

- "¿Recuerdas haberte caído en el baño a las 2 de la madrugada el sábado pasado en la mañana? Cuando fui a ver a que se debía tanto ruido, te encontré tirado en el suelo y con aliento alcohólico.

- "El lunes en la noche, miré por la ventana y te vi en el jardín, estábamos a 3 grados y me preocupaste".

- "El mes pasado compraste licor por un valor de 300 dólares con la tarjeta de crédito.

- "Hace una semana no fuiste a trabajar tres días, asegurando que tenías gripe, pero realmente fue porque tenías una resaca demasiado fuerte para poder salir de la cama".

- "El lunes en la noche me dijiste que vendrías directo a casa del trabajo, pero llegaste a la una de la madrugada y te dormiste vestido, con la ropa apestando a alcohol".

- "La semana pasada llegué a la casa y me encontré que los niños estaban jugando afuera solos. Tú estabas dormida en el sofá y había una botella de licor vacía en el piso, a un lado tuyo. Los niños tenían hambre y estaban asustados. Susie me dijo que trató de despertarte pero no pudo".

- "El mes pasado perdiste el auto dos veces después de haber estado bebiendo. Tuve que recorrer los lotes de estacionamiento para saber en dónde lo habías dejado".

- "Cuando fuiste a recogernos a la escuela, ibas tan rápido que mis amigos y yo estábamos muertos de miedo, y dijiste muchas cosas que no tenían sentido".
- "Prometiste ir a mi obra de teatro y, ese día, te enfermaste otra vez. Estoy muy decepcionado".
- "Sam tuvo que cubrirte el martes hasta las 5 de la tarde que regresaste de la hora de la comida, y cuando llegaste, arrastrabas las palabras al hablar".
- "En la fiesta de la oficina, tomaste cuatro copas seguidas y luego derramaste la quinta sobre otra persona. Sentí vergüenza por ti y me preocupó que fueras a perder el empleo".

Cada uno de los incidentes debe describirse con lujo de detalles y, cuantos más cosas puedan listar los miembros del grupo, mejor.

La era de la tecnología puede habernos traído la última herramienta de la intervención: la video-cámara. A medida que estos aparatos están siendo más accesibles, más familias los están comprando. Nada tiene más valor —y es más difícil de negar— que una videocinta a todo color y en estéreo de la conducta del alcohólico, arrastrando las palabras y haciendo cosas inapropiadas. Si usted tiene una cámara de este tipo, ¡úsela!

PASO 2: Investigue las opciones de tratamiento que hay en su área.
El objetivo final del proceso de intervención es lograr que la persona acepte recibir tratamiento y lo reciba o alguna otra forma de atención continua, así que usted debe estar preparado para sugerirlo durante la propia intervención— y para hacer recomendaciones específicas. Conviene hacer una reservación por anticipado en algún centro o clínica de

tratamiento; si el muro de defensa se derrumba, la víctima puede estar dispuesta a ir en ese momento.

Hay varias fuentes que puede consultar, tal vez quiera comenzar por llamar a su médico familiar para que le aconseje, o visitar la biblioteca de la localidad. Un libro que puede resultarle útil es *Roads to Recovery*, editado por Jean Moore (Nueva York, Macmillan, 1985), en donde se encuentra una lista de varias instalaciones residenciales de tratamiento en todo el mundo y ofrece breves descripciones de cada uno.

También puede buscar, en la sección blanca del directorio telefónico lo siguiente:

- Alcohólicos Anónimos (AA).
- Comité sobre alcoholismo o Concejo en alcoholismo (de su ciudad o estado).
- División de alcoholismo de la Secretaría de Salud.
- Departamento de Salud Mental (de su estado).
- Sociedad Médica (de su estado).

También puede recurrir a estas direcciones:

Centros Unidos en la Prevención de Adicciones
Antiguo Camino a los Gutiérrez Km. 1/2, número 14
Salinas Victoria, N.L. a 20 minutos de Monterrey, N.L., México
Tel.: (81) 8237-0054

Centro Especializado en Rehabilitación para Mujeres Adictas A.C.
Paseo de los Burgos 127.
Colonia Burgos,
Casa Club Temixco, Morelos
C.P. 62584, Tel. / Fax: (01-777) 3 26 04 50
informes@clinicacerma.com

OCEÁNICA
Estero La Escopama s/n
Col. Playas del Delfín
Mazatlán, Sinaloa
C.P. 82148
Info@oceanica.com.mx
(55)5615-3333

Central Mexicana de Servicios Generales de Alcohólicos Anónimos, A.C.
Para mayor información:
serviciosgenerales@aamexico.org. mx
comunicacionsocial@aamexico.org.mx

Narcóticos Anónimos
HIDALGO # 1508 COL CENTRO APIZACO TLAXCALA
PRIVADA 21 DE MARZO # 111
CENTRO
APIZACO TLAXCALA
www.namexico.org.mx/intgrupos.

Limpio y sobrio
Calle 15 de Mayo #415 Pte. entre Pino Suarez y Cuauhtemoc
Centro de Monterrey, N.L. México.
Tel.: (81) 8343-0747 y 8345-184

Cuando tenga una lista de posibilidades, indague más. Solicite copias de folletos u otro material publicitarios y pida una descripción completa de los programas. ¿Ofrecen algún programa de ayuda después de salir del centro o clínica de tratamiento? ¿Qué porcentaje de sus pacientes sigue en recuperación luego de un año? ¿De dos años? ¿De diez años? ¿El programa sugiere tratamiento para toda la familia a través de Alcohólicos Anónimos, Al-Anon, Alateen, Narcóticos Anónimos o un grupo similar que integre los principios de los Doce Pasos? Y, lo más importante, ¿el programa considera a la intervención un método viable y valioso? Algunos no lo hacen.

No descanse hasta que, por lo menos, tenga una opción de tratamiento que parezca funcional. *Usted no estará listo para la intervención hasta que haya llevado a cabo esta crítica tarea.* Cuando las intervenciones no logran que las víctimas acepten la ayuda, es porque el equipo de intervención no se preparó en esta área. Si la persona químicamente dependiente expresa disposición para someterse a tratamiento y usted no puede responder con un nombre, dirección y número telefónico, entonces los muros de defensa volverán a levantarse, y esta vez más fuertes que nunca, y los demás esfuerzos hechos por usted habrán sido en vano.

Ensaye la intervención

Se recomienda que haga uno o dos "ensayos" —sesiones de práctica— antes de la intervención real, y deben hacerlos todos los que van a participar en la intervención, a excepción de la persona químicamente dependiente por supuesto. Cada miembro del equipo de intervención debe ir preparado con su lista escrita de hechos relacionados con la conducta de la persona químicamente dependiente.

Los ensayos cumplen varias funciones además de la obvia de preparar a los miembros del equipo para la intervención.

- Ayudan a los integrantes de la familia y demás personas interesadas a darse cuenta de que no están solas, que también otros han resultado afectados.
- Ofrecen un foro de apoyo y comprensión mutuos.

- Alivian la tensión y el miedo y reducen la probabilidad de que la gente diga cosas poco claras o mal enfocadas, o cosas que realmente no querían decir.
- Requieren que los miembros del equipo se enfoquen en sus alternativas y los posibles resultados de las mismas.
- Establecen un clima de cambio e inspiran la creencia de que es posible hacer algo.

Tal vez quiera dedicar parte (o todo) el primer ensayo a revisar las características de la enfermedad de la dependencia química. (Lea las págs. 5 a 10 de este libro, "Lo que sabemos de la enfermedad"). De a la gente la oportunidad de hacer preguntas y compartir lo que sabe.

Cuando se sienta razonablemente seguro de que todos los miembros tienen cierta comprensión de la enfermedad y sus efectos, está listo para continuar.

PASO 1: Designe a un presidente.

Los miembros del equipo deberán aceptar que alguien se encargue de "dirigir" los ensayos y la propia intervención. Si el patrón o supervisor inmediato de la víctima es parte del equipo, hay dos buenas razones para que él sea su primera opción: su experiencia administrativa, y el hecho de que *no* es miembro de la familia. El cónyuge y los hijos adultos que han sufrido mucho dolor emocional como resultado de vivir con la persona químicamente dependiente, por lo general no son apropiados para asumir este papel.

La principal responsabilidad del presidente será garantizar que la intervención no se convierta en otra riña familiar; por eso, el equipo habrá de estar de acuerdo en seguir la dirección de este individuo. Cuando el presidente diga, "Correcto, Mary, es hora de que Fred hable", entonces Mary debe dejar su lugar a Fred.

PASO 2: Aborden cada inciso de las listas que los miembros del equipo hayan preparado.

Los miembros del equipo deben leer las listas en voz alta, una a la vez, y cada inciso deberá ser aprobado por el equipo o revisarse si es necesario. Recuerde que éstas deben ser descripciones *específicas* de incidentes o conductas que estén relacionadas con el consumo de alcohol o drogas de personas químicamente dependientes. Deben ser absolutamente sinceras y lo más detalladas posible, y deben estar desprovistas de juicios de valor, generalizaciones y opiniones subjetivas.

Preste atención a las connotaciones de hostilidad o autocompasión, emociones que pueden bloquear la comunicación y convertir a la intervención en un encuentro a gritos o acabar en punto muerto. La *única* emoción presente en estas declaraciones debe ser un interés genuino.

Si los niños necesitan ayuda para leer sus líneas, aproveche esta oportunidad para ayudarles, y resista el impulso de poner palabras en su boca, pues siempre es preferible que digan las cosas a su modo y que no suenen como loros que repiten lo que dicen los adultos del equipo.

Revisar las listas de los miembros del equipo es importante por dos razones: primera, le da a la gente la oportunidad de "que sus historias sean correctas", para que sepan qué es lo que quieren decir y cómo quieren decirlo; y segunda, funciona para romper la "regla del silencio".

Hay un patrón que es típico de casi toda situación de dependencia química, tanto en casa como en el trabajo. En la medida en que la víctima tiene conductas cada vez más bizarras o destructivas, por lo general hay varios testigos, pero tienden a no decirse entre sí lo que saben, pues tienen miedo de que hacerlo dañe a la víctima, o no se deciden a hablar debido a una especie de lealtad hacia él mal entendida. Pero, cualquiera que sea la razón de su silencio, ayuda a apoyar la enfermedad y le permite avanzar y empeorar.

Muchos ensayos de intervención han sido interrumpidos por expresiones como "¡Yo no sabía que sabías eso!" o "¡Creí que era el único que había notado eso!" Algunos secretos resultan no ser tan secretos después de todo; otros, revelados al final, sirven para fortalecer el sentido de compromiso de los miembros del equipo. Como ha dicho más de una persona, "De haber sabido si acaso la mitad de lo que he escuchado hoy, ¡habría hecho esto desde antes!"

PASO 3: Determine el orden en el que los miembros del equipo van a leer su lista durante la intervención.

¡*Alguien* tiene que ser el primero! Y el segundo… y el tercero. Decidir este orden por anticipado ayudará a evitar pausas molestas y que la víctima interrumpa o sabotee el proceso.

Es mejor comenzar con alguien que tenga una relación cercana e influyente con la persona químicamente dependiente y tenga la mayor posibilidad de derribar el muro de las defensas. A menudo, la mejor elección es el patrón o supervisor.

No confíe en la memoria para este paso; el presidente deberá anotar el orden y llevar este registro en la intervención, preparado para recordar a las personas, cuando sea necesario, cuando les toca su turno.

PASO 4: Elija a alguien que juegue el papel de persona químicamente dependiente durante los ensayos.

Si bien esto no se requiere, puede ser realmente útil. Uno de los propósitos de los ensayos es dar a los miembros del equipo una idea clara de lo que será una intervención real, con las posibles objeciones, las negaciones, las excusas y los arrebatos que pueda tener la persona químicamente dependiente. De lo que se trata es de que estén conscientes de todo eso y preparados para responderle. Es poco probable que la víctima se quede sentada durante toda la intervención sin decir una sola palabra; por lo tanto, siempre es mejor anticiparse a lo que pueda decir y decidir de antemano lo que le van a responder. Esto nos lleva al siguiente paso preparatorio.

PASO 5: Determine las respuestas que los miembros del equipo darán a la persona químicamente dependiente.

La decisión de participar en la intervención representa sólo parte del compromiso que cada miembro debe asumir. Ahora es el momento de descubrir hasta dónde está la gente dispuesta a llegar y a hacer para convencer a la víctima de que acepte la ayuda.

Una esposa puede decir, "Yo ya no lo soporto. Si no acepta la ayuda puede largarse, yo me quedo con los niños y me voy". ¿Habla ella en serio? ¿Se *llevará* a sus hijos? ¿Tiene a dónde ir? ¿Ya ha dicho ella esto antes y no lo ha cumplido?

Un supervisor puede decir, "Su producción ha disminuido, y está influyendo negativamente en sus compañeros de trabajo. Ellos se han estado quejando conmigo por la carga extra de trabajo. Si no acepta someterse a tratamiento, tendré que despedirle". ¿Puede hacer eso? ¿Lo hará?

Un vecino puede decir, "Le he permitido quedarse en el sofá de la sala los últimos meses, pero si no acepta la ayuda, la puerta está cerrada para él". ¿Lo dice en serio? La próxima vez que la víctima se aparezca y le ruegue que le permita quedarse a dormir, ¿lo rechazará el vecino?

Un hijo puede decir, "No me volveré a subir al carro cuando mamá conduzca. Me asusta cuando bebe. De hoy en adelante, pediré a los papás de mis amigos que me lleven o me quedaré en casa". ¿Puede cumplir esto? ¿Tiene amigos a los que pueda pedir que lo lleven? ¿Y si no encuentra a nadie que lo lleve a algún lado al que tiene que ir con urgencia?

La mayoría de las personas involucradas con un individuo químicamente dependiente se acostumbrará a ponerle un ultimátum, y también a no cumplirlos. Ese proceso debe terminar.

Las respuestas deben ser *realistas* y *firmes*. Si la esposa no está realmente preparada para tomar a los hijos y llevárselos, no debe decirle que lo hará. El jefe de averiguar cuál es la política exacta de la compañía respecto a la dependencia química, decidir una medida (o una serie de medidas) y estar preparado para cumplirla.

¿Y si la víctima se levanta y amenaza con irse durante la intervención? Alguien debe estar preparado para decir, "Siéntate, por favor, y escucha lo que tenemos que decirte". ¿Y si ataca verbalmente a uno de los miembros del equipo durante la intervención? Esa persona debe estar preparada para seguir leyendo su lista de cualquier manera y hasta el final. ¿Y si la víctima rompe en llanto y promete cambiar? Si bien es tentador aceptar ese compromiso y detener la intervención en ese momento, no conviene hacerlo. El equipo debe estar preparado para llegar a una conclusión, punto en el cual todos habrán dicho lo que tenían que decir, y en el que se le dice a la persona químicamente dependiente que debe recibir ayuda de algún tipo.

Cada acto de parte del individuo químicamente dependiente debe encontrarse con una reacción que mantenga el tono y el propósito de la intervención. Si la reacción más adecuada es un ultimátum, la persona que lo haga tendrá que cumplirlo.

PASO 6: Haga el ensayo.

El ensayo —y la propia intervención— debe comenzar con una declaración introductoria sencilla y empática por parte del presidente, y puede ser algo como esto:

> "_____ (el nombre de la persona químicamente dependiente), estamos todos aquí porque nos preocupas y queremos ayudarte. Esto va a ser difícil para ti y para nosotros, pero una de las peticiones que tengo para comenzar es que nos des la oportunidad de hablar y prometas escucharnos, por muy duro que pueda ser lo que escuches. Sabemos que nada será fácil los siguientes minutos… ¿Puedes ayudarnos limitándote a escuchar?"

Observe que esta declaración establece, con toda claridad, el papel de la persona químicamente dependiente como escucha, y la intención del grupo de mantenerle en ese rol.

Después, el miembro del equipo elegido para hablar primero deberá leer su lista, y la persona que está interpretando la parte del químicamente dependiente, ahora puede participar. ¿Qué es lo que diría? ¿Cómo se comportaría? La mayoría de los miembros ya habrán tenido alguna clase de confrontación con la persona químicamente dependiente, e incluso pueden hasta citar sus propias palabras: "¿Qué quieres decir con que tengo un problema? *Tú tienes* el problema, ¡si dejas de molestarme, yo dejo de beber!" Practique responder con, "Por favor escucha lo que tengo que decir…", seguido de más cosas de la lista.

Cada miembro del equipo debe tener la oportunidad de leer su texto y predecir la manera como puede reaccionar la persona químicamente dependiente; mientras tanto, el presidente debe cumplir su función primaria de mantener en el camino a los miembros del equipo. El ensayo puede estar muy cerca de la realidad y es muy común que los miembros del equipo vuelvan a las acusaciones o las generalizaciones, o que no logren controlar sus emociones, es por eso que cada persona debe practicar el expresar su interés y preocupación por la víctima de la enfermedad.

Traten de decir algo positivo después de cada queja: "Cariño, siempre has sido un esposo estupendo, pero estoy preocupada por ti. La semana pasada, después de que bebiste, casi chocas el coche contra la puerta de la cochera..." "Mamá, de verdad te agradezco todo el esfuerzo que pusiste en mi fiesta de cumpleaños, pero me hiciste sentir mucha vergüenza cuando te caíste de la silla. Me di cuenta de que estuviste bebiendo vino en vez de ponche..." "Howard, tus compañeros de trabajo te aprecian realmente, todos dicen que siempre estás dispuesto a ayudar, pero últimamente has estado llegando muy tarde después de la hora de la comida y con aliento alcohólico, y la semana pasada te vi dormido sobre el escritorio".

El proceso de intervención asume que la realidad aparecerá de golpe en algún momento de la misma, es decir, que en cierto punto, la persona químicamente dependiente "verá" su vida como *realmente es*— quizás por primera vez en muchos años. Aquellos que han participado en alguna intervención describen los notables cambios que ocurren. En la habitación se percibe una sensación de alivio y casi siempre de amor; los miembros del equipo se sienten, al mismo tiempo, exhaustos y llenos de esperanza. La rabia que la víctima pueda sentir es reemplazada por el shock y la angustia, y a veces una profunda vergüenza. Más de uno ha mirado a su alrededor y dicho, "Dios mío, no me había dado cuenta de cuánto los había lastimado, ¡lo siento!"

Si bien éste pudiera parecer el fin de la intervención, tan sólo es el final de la *primera etapa*. Es igualmente importante ensayar lo que sigue después: insistir en que la víctima acepte ayuda y presentarle las opciones disponibles, las cuales, después de que usted las haya investigado con mucho cuidado, habrán de reducirse a este hospital, ese centro de tratamiento o, en algunos casos, una consulta externa en A.A. Hay que permitir que la víctima elija de entre todas ellas para que recupere un poco de su dignidad.

Desde luego, siempre existe la posibilidad de que él o ella insista en que el tratamiento no es necesario porque ha tomado la decisión de dejar de tomar desde el corazón. Pero todos sabemos que eso no puede durar, así que deben estar preparados para un método alternativo (a esto lo llamamos la respuesta "Y si..."). "Ya tomaste esa decisión antes, de acuerdo, inténtalo, pero ¿y si empiezas a tomar más? ¿Entonces aceptarás la ayuda?"

Con toda seguridad la víctima hará un esfuerzo sincero por tratar de dejar de beber sola, pero *sólo porque la persona deja de beber no significa que está comenzando a recuperarse.* La enfermedad —incluido el síndrome emocional— todavía está presente y tan virulenta como siempre. Esto da como resultado lo que comúnmente se llama "ebrio seco".

¿Cuáles son los signos de un "ebrio seco"? Irritabilidad, ansiedad, nerviosismo, resentimiento y auto-compasión, para mencionar unos cuantos. La persona puede reaccionar exageradamente a frustraciones muy simples, ser hipersensible o hipercrítico y, por lo general, comportarse de manera impredecible. Casi siempre, las personas que la rodean suspiran por los días en que bebía poco, ¡cuando era fácil vivir con esa persona!

En otras palabras, si bien la abstinencia es una meta importante, no es la *única* meta; la verdad, es apenas un paso, aunque muy significativo, en el camino hacia tener una vida plena de nuevo. Dejar de beber nada más crea un vacío y vivir en ese vacío puede ser como estar en el infierno.

La meta central de la recuperación —y de las distintas clases de atención que la promueven— es la restauración de un ego fuerte en la víctima. Es necesario dar tratamiento a *toda la persona*, y eso incluye mente y cuerpo. La persona químicamente dependiente sufre emocional, mental, espiritual y físicamente, y los mejores tratamiento que existen hoy en día reconocen este echo, por lo que emplean equipos interdisciplinarios que cuentan con psicólogos, psiquiatras, asesores en dependencia química, trabajadores sociales, miembros del clero, físicos y enfermeras.

Así, la segunda etapa de la intervención —que debe cumplirse de manera tan cuidadosa como la primera— busca obtener un compromiso firme por parte de la víctima de aceptar ayuda. Usted *debe* estar preparado con más de una sugerencia concreta: "Tienes una cita para ver al Dr. Fulano en este momento, yo te llevo". O, "Ya reservamos un lugar para ti en tal y tal hospital. Tu boleto de avión está listo, y la maleta empacada y en el auto".

Trate de anticiparse a todas las objeciones, excusas y promesas bien intencionadas que pueda, y prepare una respuesta firme para cada una.

Con tanto trabajo que hacer antes de la intervención real, es fácil ver la necesidad de llevar a cabo varios ensayos; de hecho, puede hacer todos los que quiera... cuanto más preparado esté, mejor podrá lidiar con las realidades de la situación, sólo recuerde que el tiempo es un factor esencial. Cuanto más pronto ataque el progreso de la enfermedad, más pronto podrá la víctima iniciar el proceso de recuperación.

Pula los detalles

¿Cuándo se hará la intervención? Prográmela para una hora en la que haya más probabilidades de que la persona químicamente dependiente esté sobria, y es mejor si también es un poco después de un episodio de embriaguez o consumo de drogas; por ejemplo, el sábado en la mañana después de una reunión que regularmente se celebra los viernes. Si la persona se siente mal como resultado, eso puede ser una ventaja para usted porque las defensas de ella estarán proporcionalmente debilitadas.

¿En dónde se hará la intervención? Elija un lugar que no provoque mucha ansiedad en la víctima, ya que no queremos que se excite su sistema defensivo. Debe ser un lugar en el que no haya interrupciones.

¿Quién será responsable de asegurarse de que la persona químicamente dependiente llegue al sitio de la intervención? Esa persona debe decir sólo lo que sea necesario para hacer que la persona asista.

¿Alguien más necesita ayuda para llegar ahí? ¿Quién llamará a los demás para recordarles la hora y el lugar?

¿Qué miembro del equipo pedirá a la persona químicamente dependiente que se comprometa a escuchar lo que los demás quieren decirle? ¿Quién hará los arreglos necesarios para que la persona entre a tratamiento, considerando que él o ella acepte recibir la ayuda inmediatamente? ¿Quién le explicará el plan de tratamiento y recuperación?

No deje nada al azar, ni siquiera el más mínimo detalle, no volverá a tener el elemento sorpresa de su parte, así que, ¡aprovéchelo!

¿Debe buscar ayuda profesional?

La Introducción de este libro expresa la filosofía del Instituto Johnson de que *cualquiera que sinceramente quiera ayudar, puede hacerlo.* Hay muchas probabilidades de que usted sea bastante capaz de hacer una intervención sin la ayuda de una persona calificada. Sin embargo, *si siente la necesidad de esa ayuda, no dude en buscarla.*

Gracias, en gran parte, al amplio interés que ahora existe en la dependencia química —combinado con una mayor conciencia de la magnitud del problema en nuestra sociedad— es posible encontrar profesionales capaces y bien capacitados en muchas partes. Si no sabe dónde buscar, comience con los recursos señalados en las pp. 96 y 97. Cualquier oficina social respetable, centro de salud mental u otra instalación relacionada con el manejo del alcoholismo deberá poder darle una lista de nombres y números telefónicos.

Se recomienda que lleve a cabo una entrevista frente a frente con cualquier profesional con el que esté pensando trabajar. Busque lo siguiente:

- ¿Él o ella reconoce la dependencia química como enfermedad?
- ¿Él o ella apoya y cree en el proceso de intervención?

Aquellos que renuncian al clásico enfoque de asesoría —"¿Cree usted que pueda hacer que la persona venga a verme?"— y se enfocan en asistir a la gente que puede intervenir de manera más eficaz.

- ¿Tiene esa persona experiencia de primera mano con las intervenciones?

Si la respuesta a las tres preguntas es "sí", usted se encuentra en camino a una relación productiva.

Hay muchas razones excelentes para recurrir a la ayuda de un asesor profesional, en particular uno que se comprometa con todo el proceso. Para comenzar, la postura del consejero fuera del círculo de aquellos que están directamente involucrados con la persona químicamente dependiente puede garantizarnos la objetividad. Un asesor puede ser un buen presidente y también tener la capacidad de interpretar el papel de la persona químicamente dependiente durante los ensayos; es muy probable que él o ella haya visto y oído todo (o casi todo) lo que usted verá y oirá durante la intervención.

Un consejero puede proporcionar valiosas ideas durante la recuperación de información, desde revisar las listas de los miembros del equipo, hasta recomendar opciones de tratamiento disponibles. Él o ella también estará capacitado para aliviar los temores y ansiedades de los miembros del equipo respecto a la intervención.

Finalmente, el asesor puede ayudarle a usted y a los demás miembros del equipo a entender cómo el vivir, trabajar o estar estrechamente relacionado con la persona químicamente dependiente puede llevar al desarrollo paralelo de síntomas de co-dependencia. Y puede ayudarles a comprender y aceptar las propias conductas de ustedes en las que han dado "permiso" al adicto para seguir con su adicción.

Unas palabras de precaución: En el Instituto Johnson, nos ha preocupado, en los últimos años, la tendencia de algunos consejeros a prolongar el proceso de intervención. Mientras llevan a cabo una reunión preliminar tras otra comunicación los familiares y amigos de la persona químicamente dependiente, la enfermedad continúa sin control. Dos o tres sesiones de instrucción y práctica deberán bastar, y hay muy poca necesidad de continuar varios meses la asesoría o la preparación previa a la intervención. Después, quizás, pero no antes; el objetivo más apremiante debe ser el de controlar la enfermedad, y el mejor momento de hacerlo es lo más pronto posible. Su asesor debe tener el mismo objetivo y el mismo sentido de urgencia.

5

La intervención

Si ha dado los pasos descritos en el Capítulo 4, está más listo para la intervención que nunca.

En otras palabras, es el momento de actuar. Ahora tiene usted la capacidad y los recursos para atacar la enfermedad de la dependencia química y ayudar a la persona que le interesa a iniciar el camino hacia la recuperación.

Tal vez esté nervioso, y quizás también sienta miedo y le preocupe la escena desagradable que resultará de todo esto, pero sus sentimientos más apremiantes en este punto deben ser los del compromiso y una preocupación genuina.

Mientras se prepara para cruzar la puerta hacia el lugar donde será la intervención, tómese un momento para felicitarse por haber llegado hasta donde ha llegado. Usted ha hecho el esfuerzo de buscar información y aprender de la enfermedad y la manera como le afecta a usted; ha llevado a cabo la tarea ardua y dolorosa de mirar atrás en la conducta de la persona y verá por lo que es; y está dispuesto a poner en riesgo su relación con él o ella. Ni el buen samaritano habría hecho tanto.*

---

* Hay algunas circunstancias especiales en las que un equipo compuesto por personas laicas no debe tratar de hacer una intervención.

Se recomienda que busque ayuda profesional antes de proceder si alguno de los siguientes factores se aplican:

El escenario de la intervención

Nadie puede decirle con precisión cómo se debe llevar a cabo la intervención. La verdad es que existen demasiadas variables: la condición de la persona químicamente dependiente, la etapa a la cual ha progresado la enfermedad, las personalidades de los miembros del equipo, la dinámica de las relaciones interpersonales, cuánto saben los miembros del equipo respecto a la dependencia química, la presencia (o ausencia) de un profesional capacitado, las opciones de tratamiento disponibles, etcétera.

Sin embargo, sí podemos darle un ejemplo del escenario que representa algunas de las cosas que pueden ocurrir durante una intervención. Si bien ninguna intervención es "típica", lo siguiente puede ser bastante representativo de lo que sucede.

La persona con la cual vamos a intervenir es nuestro amigo, Ed. Su esposa, Carolina, ha pasado las últimas semanas informándose acerca de la dependencia química: leyendo libros y artículos, y hablando con amistades que tienen seres queridos químicamente dependientes. Sostu-

---

- La persona químicamente dependiente tiene antecedentes de enfermedad mental;
- Su conducta ha sido violenta, abusiva o extremadamente irregular;
- Él o ella ha estado profundamente deprimido durante algún tiempo; o
- Usted sospecha del consumo de varias drogas pero no tiene toda la información o testigos que den fe del consumo real.

Hemos hecho notar que la persona debe estar sobria durante la intervención, pero, si bien es fácil reconocer los signos de consumo de alcohol, la presencia de otras drogas o combinación de las mismas no es tan evidente. Se sabe que algunas producen estados psicóticos o casi psicóticos. *Si usted no puede estar seguro de que el individuo está químicamente libre en el momento que se programe la intervención, espere y busque ayuda profesional antes de intentar.*

vo una conversación particularmente larga con su hermana, que vive en otra ciudad, cuyo esposo lleva recuperado
cinco años.

También tuvo una reunión privada con el supervisor
de Ed, Bob. Después de revisar la política de la compañía,
Bob ha aceptado hablar crudamente con Ed e insistirle en
que acepte someterse a tratamiento. La compañía de seguros lo cubrirá y su empleo le estará esperando cuando regrese.

Éste es el equipo de intervención que Carolina reunió:

- Bob, quien será el presidente;
- Melanie, la hija de 24 años de edad de Ed y Carolina;
- Tom, su hijo de 16 años;
- Howard, un vecino y amigo de Ed.

La intervención está programada para un domingo a las 10
de la mañana en la oficina de Bob. Bob le ha pedido a Ed
que vaya para preparar un informe que debe entregarse al
cliente el lunes a primera hora. Él llegará a las 10 y Carolina, Melanie, Tom y Howard entrarán por la puerta a las
10:15. El equipo ya se ha reunido dos veces antes para ensayar la intervención y terminar sus listas.

Puntualmente, a las 10:25, Ed ve a Carolina, Melanie,
Tom y Howard llegar a la oficina de Bob.

Ed: "¿Qué está pasando?"

Bob: "Te lo diré en un momento, Ed. Carolina, pasa y aco-
moda a los demás en una silla. Melanie y Tom, me da gusto
verlos de nuevo".

Ed: "Creería que es mi cumpleaños, pero todos traen la cara
muy larga. Por favor, que alguien me aclare el misterio".
Los miembros del equipo están sentados y listos para empezar.
Como presidente, Bob comienza:

Bob: "Ed, quiero que sepas que esto va a ser muy difícil para nosotros. Sí quiero que hablemos del informe, pero la principal razón para esta reunión es la que trajo a tu familia aquí y, la verdad, me siento aliviado de que finalmente podamos hablar de esto abiertamente. Nadie de los que estamos aquí tenemos el deseo de ocultarte nada y, en realidad, nos sentíamos incómodos de hacerlo, pero queríamos asegurarnos de estarlo haciendo bien.

"Ahora, te voy a pedir algo: que nos des la oportunidad de hablar. Promete escucharnos, por difícil que pueda ser; sabemos que no va a ser fácil… ¿Puedes ayudarnos limitándote a escuchar?

Ed: "¿De qué se trata?"

Bob: "Nos hemos estado reuniendo las últimas semanas porque estamos preocupados por ti y por lo que te ha estado sucediendo. Si nos prestas atención, estoy seguro de que comprenderás por qué nos sentimos así. Estamos aquí para hablar acerca de tu forma de beber, y todo lo que te pedimos es que nos escuches. ¿Puedes hacerlo"

Ed (con una mirada furiosa): "No lo puedo creer. Creí que querías que viniera para trabajar en ese informe".

Bob: "Eso lo vamos a hacer a un lado por el momento, porque tu forma de beber es más importante".

Ed (volviéndose a carolina): "Supongo que tú estás detrás de todo esto. Me has estado molestando con esto varios años".

Carolina: "Estamos todos juntos porque nos preocupamos por ti, Ed. Melanie, Tom, Bob, Howard y yo estamos muy preocupados por ti".

Bob: "Ed, esto es realmente serio. Yo entiendo que puedas sentirte disgustado ahora, pero si decides no participar o seguirnos interrumpiendo, entonces puede haber serias consecuencias".

Ed: ¿Me estás diciendo que mi trabajo está en riesgo?"

Bob (asintiendo): "Podría llegar a suceder, pero no quiero hablar de eso ahora, mejor, escuchemos lo que Melanie tiene que decir".

Ed: "De acuerdo, los voy a escuchar, no prometo que me vaya a gustar, pero los voy a escuchar".

Bob: "Eso es todo lo que pedimos. Adelante, Melanie".

Melanie busca en su bolso y saca una lista. Mira nerviosa a su padre antes de comenzar.

Melanie: "Papá, tú sabes que siempre te he amado. Nadie podría tener un mejor padre ni más considerado que tú. Recuerdo el tiempo que pasamos juntos cuando era niña, en especial el viaje de campamento que organizaste para nosotros dos cuando tenía nueve años.

"Pero últimamente he estado muy preocupada por ti. Siempre que mamá me invita para cenar, no logras terminar la comida sin antes tomarte varias copas y tal parece que siempre tenemos que terminar discutiendo. El domingo pasado casi me lazas un vaso a la cara. Ése no eres tú, papá. Nunca antes me levantaste la mano, hasta que comenzaste a beber".

Ed: "Melanie, estaba jugando…"

Melanie: "A mí me dio mucho miedo. ¿Te acuerdas que me fui temprano? Fue por eso".

Ed: "Bueno, si eso es todo…"

Melanie: "No lo es. El mes pasado invité a Sam, un chico con el que estaba saliendo, para que te conociera a ti y a mamá. Era obvio que ya habías estado bebiendo, pero luego sacaste el licor y comenzaste a mezclar cocteles. No pasó mucho tiempo antes de que comenzaras a tambalearte al caminar y a arrastrar las palabras. Yo estaba muy avergonzada, papá y, después de eso, no volví a saber de Sam".

Ed: ¡No creerás que fue mi culpa!"

Melanie: "También estuvo la última Noche Buena. Canté un solo en el coro de la iglesia y se suponía que tú y mamá irían a escucharme, pero fue ella sola y me dijo que estabas enfermo de gripe. La verdad fue que estabas tirado en el sofá, inconsciente. Habías estado bebiendo desde temprano".

Y así continúa, punto por punto. Cuando Melanie termina de leer, Ed se queda petrificado, en silencio, luego, Howard comienza.

Howard: "Ed, eres el mejor compañero de bridge que he tenido y un excelente amigo de muchos años, pero también me preocupa tu forma de beber".

Ed (en tono sarcástico): "Bueno, Howard, nos hemos embriagado juntos, si no mal recuerdo. Además, ¿no fuiste tú quien me enseñó a preparar el martín perfecto?"

Howard: "Ed, la última vez que nos reunimos para jugar, ya llegaste intoxicado. Era obvio para todos los que estábamos ahí. Después te estuviste preparando varios tragos más la siguiente hora que estuviste ahí. No te pudiste concentrar en el juego y comenzaste a contarnos algo que había sucedido quién sabe dónde. Jugaste muy mal y finalmente tuvimos que suspender todo".

Ed: "Está bien, me distraje. Ha habido muchas cosas en mi cabeza últimamente".

Howard: "Hace dos semanas, cuando me pediste el auto prestado porque el tuyo estaba en el taller, tuve que decirte que no, y eso fue porque la última vez que te lo presté, lo dejaste en un lote de estacionamiento del centro de la ciudad toda la noche.

Y ni siquiera te acordabas en cuál lote. Carolina me dijo que habías llegado a la casa en taxi y que habías estado tomando".

Ed: "Pero encontré tu auto al otro día, ¿no? Además, creí que Carolina y yo acordamos mantener eso entre nosotros dos. ¡Vaya que sabes guardar secretos!

Howard: "¿Recuerdas la última vez que te invitó Stan a una fiesta? No sólo estuviste insinuándote a Elizabeth, también fuiste muy grosero con mi esposa. Ella decidió ignorarte, pero estaba muy molesta.

"Yo te había visto beber antes, te serviste un vaso de bourbon y te lo bebiste, y luego te preparaste otro. Sé que no te diste cuenta de que yo te estaba observando. Realmente me preocupas".

Ed: Estupendo. Ahora ustedes me espían. ¿Ya terminamos?

Bob: "Ed, por favor escúchanos. Sabemos que no es fácil, para nosotros también está siendo muy difícil".

Ed coloca las manos sobre el pecho y comienza a mirar hacia arriba, y los sigue haciendo cuando Howard termina de leer y le toca el turno a Tom.

Tom: "Papá, esto es muy difícil para mí, me da miedo que te vayas a enojar conmigo, pues ya tenemos nuestra propia dosis de problemas, pero te quiero mucho papá. Y no puedo quedarme sentado observando lo que te estás haciendo tú solo y nos estás haciendo a mamá, a Melanie y a mí".

Toma una profunda respiración antes de comenzar a leer.

Tom: "Papá, ¿recuerdas el verano pasado cuando nos fuimos de campamento? No dejabas de ir al auto, supuestamente a revisar la cajuela y ver que todo estuviera bien. Pero yo sabía que traías una botella, y que cada vez que te detenías, tomabas un trago a escondidas. Cuando llegamos al lugar del campamento, ya estabas totalmente ebrio".

Ed: "Tom, eso no es justo, creí que nos habíamos divertido".

Tom: "Bueno, pues no fue así, al menos yo no me divertí. Pasé todo el fin de semana preocupado de que te fueras a tropezar y a caer en la fogata o que te perdieras en el bosque. Estuviste ebrio casi todo el tiempo, ya quería regresar a casa".

Ed: "Lo que querías era estar de regreso con tus amigos. Yo sé que es difícil para un adolescente pasar el fin de semana con su padre".

Tom: "¡Eso no es cierto!" Pero, papá, deja de ser divertido cuando estás bebiendo. ¿No puedes ver lo que tu forma de beber nos está haciendo a todos nosotros? ¿A Melanie, a mamá y a mí?"

Bob: Tom, por favor, sigue leyendo la lista. ¿Qué sigue, Tom?

Tom está visiblemente molesto. En un momento, toma otra respiración profunda y comienza a leer otra vez.

Tom: "De acuerdo, aquí va. Hace un par de semanas llegué a casa tarde con dos amigos. Admito que hicimos mucho escándalo. De cualquier modo, lo siguiente que supe era que estabas parado en la cocina, con pijama y me estabas gritando y diciéndome palabrotas en frente de mis amigos. Era evidente que estaba ebrio. ¡Mis amigos te vieron borracho!

A medida que Tom sigue leyendo, Ed finge no escuchar. Se revuelve en su silla, mira su reloj, amarra sus agujetas. Evita el contacto ocular con todos los presentes en la habitación.

   Cuando Tom termina, Bob saca su lista del bolsillo, la pone sobre la mesa, frente a él, y comienza a leerla.

Bob: "Ed, siempre has sido un excelente empleado. Durante los últimos cinco años que has estado aquí, las ventas aumentaron y eso se debe a ti en muchos aspectos. Pero eso ya no sucede. Durante los últimos meses tu desempeño ha ido disminuyendo".

Ed: "Bob, sé realista. Toda la industria está en problemas".

Bob: "Tal vez, pero el único departamento de nuestra compañía que está en problemas es el tuyo. Tus compañeros de trabajo se quejan de que no cumples con la parte del trabajo que te toca. Tus informes dejan mucho que desear. Cuando perdimos la cuenta Martin, y yo le pregunté a Stu Martin por qué, me dijo que ya no podía trabajar contigo. No quiso decir nada en contra tuya, pero desde hace tiempo sospecho que esa cuenta estuvo en problemas debido a tu forma de beber".

Ed "¿Te dijo cuántas molestias me causó cuando me tardé sólo una semana en entregar su pedido?"

Bob: El lunes pasado regresaste de comer dos horas después de lo debido y oliendo a alcohol. Te negaste a recibir llamadas por el resto de la tarde".

Ed: "Yo he visto que te tomas una copa a la hora de la comida".

Bob: "No lo hago todos los días. Tú sí. Incluso cuando comes en la cafetería, de alguna manera te las arreglas para oler a licor a media tarde".

Ed se lavanta.

Ed: "De acuerdo. Espera aquí, te mostraré".

Sale de la habitación y, en menos de un minuto, regresa con una botella en la mano y la deja frente a Bob.

Ed: "Lo admito, la tenía en mi escritorio. Tal vez tome un poco en el día para reanimarme, pero eso se acabó. No lo volveré a hacer, lo prometo".

Bob: "Eso es estupendo, Ed, y estoy seguro de que lo dices en serio, pero el resto del grupo y yo hemos decidido que necesitas ayuda para cumplir esa clase de promesa".

Ed: "¿A qué te refieres con ayuda? ¿Estás hablando de una desintoxicación o algo así?"

Bob: "Escuchemos lo que Carolina tiene que decir, y luego te dejaremos decidir. ¿Estás lista, Carolina?"

Carolina observa su lista, como si tratara de memorizarla. Todos los demás esperan en silencio. Finalmente levanta los ojos y mira a su esposo.

Carolina: "Ed, me casé contigo porque te amaba, y te sigo amando, pero ya estoy en el límite. Últimamente he sentido el deseo de pedirte que te vayas y nos dejes solos a Tom y a mí. Me da miedo cada vez que bebes y también temo que puedas lastimarnos.

"Hace dos semanas llegaste a la casa hasta las 10 de la noche después de salir del trabajo. Cuando te pregunté en dónde habías estado, me golpeaste y me dijiste que no era asunto mío. En todos los años que llevamos juntos nada como esto había sucedido".

Tom (indignado): "¡Mamá! No dijiste nada de esto en las otras reuniones".

Carolina: "Porque quería decírselo a tu padre primero. Quería que supiera que por primera vez en más de 25 años de matrimonio, me da miedo".

Ed baja la mirada del techo para observar a Carolina, y parte de su postura defensiva se pierde.

Ed: "Cariño, lo siento mucho. No sé qué fue lo que me pasó. Te juro que no volverá a suceder".

Carolina: "Yo sólo quiero que estés mejor para que las cosas vuelvan a ser como antes. Ed, he estado manejando la chequera desde algunos meses. He estado cubriendo los cheques sin fondo que has emitido, arreglando tus embrollos financieros y tomando dinero de nuestros ahorros para cubrir tus excesos. El mes pasado gastaste 500 dólares extra y ni siquiera te diste cuenta. Cuanto más bebes, más dinero desaparece, cuando antes llevabas un registro de cada centavo que gastabas".

Ed: "Gano bien, no tengo que registrar cada centavo que gasto. Tenemos suficiente para vivir".

Carolina: "El mes pasado dejaste la cartera en el bar y no te diste cuenta de ello hasta tres días después. Yo hablé por teléfono de inmediato a las tiendas departamentales y a los bancos, pero quien haya tomado tu cartera tuvo tres días para usar tus tarjetas. A los acreedores les conté toda una historia de que habías perdido la billetera porque me daba vergüenza decirles la verdad".

Ed se retuerce en la silla. Carolina continúa leyendo.

Carolina: "La semana pasada, cuando salimos a cenar, tuve que sacar las llaves del auto de tu saco y esconderlas en mi bolsa para que no insistieras en conducir. Te tomaste botella y media de vino tú solo no me iba a subir al asiento del copiloto".

Ed: "Sé conducir con prudencia, ¿alguna vez he tenido un accidente?"

Carolina (en voz muy baja): "Todavía no, pero hace tres semanas estuviste muy cerca. ¿Te acuerdas cuando ese niño salió corriendo de entre los autos estacionados? Yo tuve que sujetar el volante. Aquella tarde estuviese bebiendo— aun cuando tenías escondida la botella en la cochera, yo sabía que habías estado bebiendo, y si yo no reacciono como lo hice, habrías atropellado a ese pequeño, y quizás hasta lo habrías matado".

Por primera vez, Ed no tiene nada que decir.

Carolina: "Ya no pienso seguirte cubriendo, ni decirle a personas como Melanie que tienes gripe cuando en realidad estás inconsciente por la bebida. Ya no le voy a llamar a Bob y ponerle excusas porque llegas tarde, y ya no voy a salir contigo y esperar el momento en que realmente nos lastimes, a mí o a Tom. Esto tiene que terminar, Ed.

En este momento, Ed, está mirando hacia el suelo.

Bob: "Ya casi terminamos, Ed. Sé que esto es muy doloroso, pero ya casi terminamos. Todos tienen una o dos cosas más que decirte. Cuando terminen, todos podemos hablar".

Melanie: "Papá, no sé realmente cómo decirte esto, pero ya no me gusta ir a la casa porque no sé en qué condiciones voy a encontrarte. Antes era una casa feliz y ahora hay mucha tensión… eso me hace querer estar lejos".

Howard: "Ed, valoro mucho tu amistad y no puedo soportar ver lo que está sucediendo, y tampoco puedo recibirte en mi casa hasta que las cosas cambien. A Linda también le preocupas, pero le interesa más proteger a los niños, así que no te quiere cerca de ellos cuando estás ebrio".

Carolina: "Ed, yo ya no puedo continuar así. Tu forma de beber también me está afectando, a veces creo que me voy a volver loca. Ya no conversamos, no hacemos las cosas que antes hacíamos, y siento que todo el tiempo tengo que estarte cuidando. Algo que he aprendido en estas últimas semanas es que estoy tan enferma como tú. Todos necesitamos ayuda, Ed".

Melanie: "Mamá tiene razón, papá. Lo que tú tienes es una enfermedad que se llama dependencia química, y es contagiosa. Ya todos la tenemos, Tom, mamá y yo, en nuestra propia forma.

"Pero no tienes que seguir enfermo, y tampoco nosotros. Puedes aliviarte, puede estar bien. Todos podemos estar bien, pero tenemos que mantenernos juntos".

Tom: "Papá, por favor di que sí. Te quiero, papá. Todos te queremos y no nos gusta verte así. Ya no eres la misma persona que nosotros conocíamos. Me da vergüenza invitar gente a mi casa porque no sé cómo te vamos a encontrar. Siento como si ya no tuviera padre".

Bob: "Es en serio lo que dije antes, Ed. Debes volver a tener tu desempeño de antes, pero no creo que puedas hacerlo hasta que aceptes ayuda para tu problema con la bebida".

Ed se cubre el rostro con las manos y, después de un momento, levanta los ojos y observa a todos los que están en la habitación. Cuando por fin habla, su voz es apenas un murmullo.

Ed: "¡Oh, Dios! ¿Es posible que todo lo que están diciendo sea cierto? ¿Realmente he sido semejante patán?

Carolina: "No estamos aquí para llamarte patán ni para culparte por nada, sino para que todos busquemos ayuda. Yo sé que la necesito tanto como tú".

Ed: "Bueno, ¿qué es lo que quieres que haga? ¿Quieres que empaque mis cosas y me vaya? ¿Eso es lo que quieres?

Carolina: "No, no es eso lo que queremos. Queremos que estés mejor".

Bob: "Ed, el alcoholismo es una enfermedad y, con ayuda, puedes volver a estar bien".

Ed: "No entiendo. ¿A qué te refieres con que es una enfermedad? Yo puedo dejar de beber en el momento que quiera, y lo haré, desde hoy, ¡ya lo verán!"

Bob: "Las personas que te van a ayudar te pueden dar más información acerca de la enfermedad. Dejar de beber es más difícil de lo que tú crees. Además, hay mucho más que eso".

Ed (decidido): "Bob, tú sabes que cuando me decido a hacer algo, lo hago.

Estoy hablando en serio, no volveré a tomar una copa en mi vida".

Bob (mirando a Ed directo a los ojos): "No estamos aquí para pedirte que nos prometas otra vez que vas a dejar de beber. Estamos aquí para pedirte que aceptes la ayuda. Ya es hora de hacer algo nuevo y diferente".

Ed: ¿De qué estás hablando— de Alcohólicos Anónimos o algo así? ¿Algún club para borrachos y abandonados?"

Bob: "Creo que te sorprenderías de la clase de personas que van a A.A., pero no es ahí donde queremos que comiences, puedes ir al Park City Hospital, o puedes ir al North Treatment Center. Hoy te están esperando en cualquiera de esos dos lugares".

Ed (obviamente atónito): "¿Hoy? Aguarden un minuto. Tenemos que hablar un poco más de esto; además, hoy no puedo ir, tenemos que entregar el informe el lunes".

Bob: "Nos haremos cargo de eso. Podemos arreglárnoslas sin ti un mes; además, cuando regreses, estarás mucho mejor y seguramente serás doblemente productivo".

Ed: "¿Un *mes*?" ¿Escuché que dijiste un mes?

Bob: "Eso es lo que dura el programa de tratamiento. Ingresas hoy, y sales dentro de 30 días".

Ed se vuelve a Carolina.

Ed: "Yo no puedo dejarte a ti ni a Tom durante un mes".

Carolina: "Iremos a visitarte tan pronto como nos lo permitan. Y estaré allí todos los días en la Semana de la Familia".

Ed: "Pero nos vamos a tardar en prepararnos y empacar, y seguramente tienes que hacer una reservación o algo… ¿No puede esperar hasta el lunes?"

Carolina: "Tu maleta ya está empacada y lista. Está en la cajuela de mi auto, y si necesitas otra ropa, me aseguraré de llevártela".

Bob: "Y si te vas hoy, tu empleo te estará esperando cuando regreses".

Ed: ¿Y si no?

Bob: "Ésas es la única alternativa que tienes, amigo. No puedo aceptar otra".

En este momento, Ed está llorando muy suavemente. Melanie se para detrás de él y lo rodea con los brazos.

Melanie: "Papá, esto nos va a servir a todos. Tú estarás mejor y nosotros también lo estaremos. Mamá y yo vamos a nuestra primera reunión de Al-Anon esta noche".

Ed: "No puedo creer que esté ocurriendo esto. ¿Por qué nadie me dijo nada de esto antes? ¿Por qué nadie me dijo lo que les estaba haciendo?"

Carolina: "Todos lo intentamos, pero no quisiste creernos, y ahora entiendo por qué fue así. No podías ver lo enfermo que estabas. No lo sabías, y está bien, Ed.

Bob: "Ahora tenemos que tomar una decisión. ¿Cuál va a ser, Ed? ¿Park City o North?

Aquella misma tarde, Ed ingresa a North Treatment Center. Su esposa y sus hijos están ahí para apoyarlo. La intervención fue un éxito y Ed recibirá la ayuda que necesita.

*   *   *

La intervención que acabamos de describir procedió exactamente de acuerdo con el plan, y éste puede resumirse en lo que nosotros llamamos los Cinco Principios de la Intervención:

1. Personas importantes en la vida de la persona químicamente dependiente participan en ella.
2. Todas ellas escriben una lista específica de los sucesos y las conductas que tienen que ver con el consumo de la persona químicamente dependiente y que hacen legítima su preocupación.
3. Todas las personas significativas dicen al químicamente dependiente cómo se sienten con lo que ha estado sucediendo en su vida y no lo hacen de una manera crítica.
4. A la víctima se le ofrecen opciones específicas: este centro de tratamiento o aquel hospital.

Si Ed se hubiera negado rotundamente a considerar las opciones y hubiera prometido dejar la bebida solo, entonces el equipo le habría formulado la pregunta ¿Y si...?: "¿Y si comienzas a beber otra vez? ¿Y si tomas una copa más?" Habrían llegado a un acuerdo con Ed de que si comenzaba a beber otra vez, aceptaría la ayuda, y ¡harían que lo cumpliera!

5. Cuando la víctima acepta la ayuda, se pone en práctica inmediatamente.

En el Instituto Johnson hemos aprendido que *si un equipo se apega al plan, las probabilidades de éxito son de ocho de cada diez.* En mi experiencia personal, yo he esperado que funcione cada vez... y así ha sucedido. Una grieta aparece en el muro de defensas de la víctima y él o ella acepta alguna forma de ayuda.

*   *   *

Como se enterará usted cuando investigue las diversas opciones de tratamiento de su localidad, hay muchas disponibles hoy en día, que van desde consulta a pacientes externos hasta programas de gran escala de internamiento. Esta última opción merece un poco de análisis en estas páginas. Un programa de tratamiento de paciente interno comienza con la desintoxicación, alejando al paciente, de una manera segura, de los efectos tóxicos del alcohol o las drogas. Al paciente se le hace un examen médico completo y se detectan otros males para darles seguimiento.

El siguiente paso es instruir al paciente, acerca de sí mismo, y de la enfermedad de la dependencia química, lo cual se logra en reuniones con los asesores, en conferencias regulares, y en sesiones diarias de encuentro con los demás pacientes.

El principal propósito de las sesiones de grupo es identificar las defensas del paciente y describirlas de manera que él o ella puede entenderlas y reconocerlas. Se trata de momentos de confrontación que en ocasiones son dolorosos. El muro de defensas no sólo se agrieta, se rompe y se derrumba como resultado de la interacción afectuosa de los pacientes compañeros y del personal.

Durante estas sesiones, también se da énfasis a las buenas cualidades del paciente. El odio a sí mismos se contrarresta con la alabanza, el estímulo, y el afecto genuino que a menudo surge entre los miembros del grupo. El maravilloso descubrimiento de que "tal vez no todo es tan malo" forma las bases de la esperanza y la recuperación.

En algún momento durante este proceso, el paciente comienza a *verse*, quizás por primera vez. Él o ella acepta la enfermedad y esto le hace darse cuenta de la realidad. Como dijo un alcohólico en recuperación, "Ya antes había dejado de beber por periodos porque sabía que no debía beber. Entonces, al final, comprendí que *tenía que dejar de beber porque no podía renunciar a la bebida*". Esta creciente conciencia se equilibra con la creencia de que las cosas pueden y se pondrán mejor.

El programa de paciente interno es seguido de un programa de atención posterior de aproximadamente dos años. Paciente y cónyuge asisten cada semana a reuniones del "grupo de crecimiento", en donde el progreso es seguido y las relaciones interpersonales exploradas.

Otra parte progresiva de la recuperación es la asistencia semanal a las reuniones de A.A. Los cónyuges asisten a Al-Anon, y los hijos adolescentes a Alateen.

Las tasas de éxito para esta clase de tratamiento son altas, variando del 50 al 80 por ciento, dependiendo del programa y la motivación de la víctima y su familia. La *intervención es la clave de la motivación*, en la mayoría de los casos, la enfermedad es controlada y la persona químicamente dependiente llega a recuperarse.

¿Y si la intervención no funciona?

¿Y si la víctima no acepta la ayuda en el momento de la intervención? *Siga intentando.* ¡No se dé por vencido! Recuerde que la vida de la víctima depende del compromiso continuo de usted.

Hemos descubierto que la intervención tiende a tener un efecto acumulativo. Si la sesión inicial no impulsa a la persona a aceptar el tratamiento, la segunda probablemente lo hará... o la tercera. A veces se requiere incluso más esfuerzo por parte de los miembros del equipo para derribar el sistema de defensa de la víctima; la racionalización, la proyección, la negación, la represión y el auto-engaño se combinan para crear una barrera de conciencia de sí mismo que puede compararse con la Gran Muralla china.

Pero, ¿qué hay del bebedor verdaderamente "incorregible", o aquel que sale de la intervención y jamás regresa, o aquel que en realidad "ha llegado demasiado lejos" para recibir ayuda? Si esa persona sigue bebiendo y no recibe tratamiento, ¿ha fracasado la intervención?

No. *Si se hace de manera apropiada,* la intervención funciona siempre. *Si se hace de manera apropiada,* no hay fallas, y éstas son algunas razones:

- Las personas que hacen la intervención —los miembros del equipo— cambian para siempre, pues ahora saben que no están solos, que hay ayuda y apoyo para ellos, y sus vidas no son las mismas después de esto.
- La unidad familiar también cambia —de la parálisis, el miedo, el sentimiento de culpa, y la vergüenza que antes sintieron, a experimentar una dinámica totalmente nueva. Ahora saben lo que es la dependencia química, ven los síntomas en *ellos mismos*, y buscan ayu-

da *para sí mismos*. Llegan a darse cuenta de que la enfermedad de la persona químicamente dependiente *no es culpa suya (de ellos)*, y ¡eso proporciona un profundo alivio y liberación!

* Finalmente, la víctima cambia en relación con la droga. La grieta en el muro de las defensas representa el conocimiento de que esa persona no puede volver a negar las cosas (como lo expresó un cónyuge, "¡Por lo menos le arruinamos la bebida!").

En suma, la intervención siempre tiene *algún* efecto que, invariablemente, es positivo, no hay forma de que pueda hacer que las cosas empeoren. Por lo menos, ofrece la oportunidad de tener una recuperación en donde antes no la había; por lo demás, coloca a toda la familia en el inicio de un camino hacia una vida plena nuevamente.

Se espera que estas observaciones le motiven a tratar, una vez más, si la primera intervención no dio como resultado que la víctima aceptara el tratamiento inmediatamente.

Busque ayuda para usted mismo

Es conveniente que busque ayuda para usted mismo, sin importar el resultado de la intervención. La Parte I de este libro describe las muchas formas en las que las personas que están cerca de un alcohólico —en particular sus familiares— quedan atrapadas en la dinámica de la enfermedad.

La dependencia química es contagiosa y ciertamente no hay ningún estigma involucrado en buscar asistencia para su propia recuperación.

Antes de continuar, permítame disipar algunos malos entendidos acerca de la terapia familiar.

- Primero, la familia no recibe el tratamiento por el bien de la persona químicamente dependiente.
- Segundo, la sobriedad de la persona químicamente dependiente no depende de la rehabilitación de la familia químicamente dependiente. (La enfermedad de la persona no es culpa de usted, y tampoco su recuperación es responsabilidad de usted).
- Y, tercero, la recuperación de la familia no depende de la sobriedad futura de la persona químicamente dependiente.

Cuando hablamos de la recuperación de la familia, el punto en cuestión es éste: como la dependencia química se desarrolla y se convierte en una enfermedad familiar, virtualmente *todos* los miembros de la familia necesitan cierta clase de ayuda en la recuperación. Además, si la dependencia química ha existido en la familia durante un periodo largo, es muy probable que todos los miembros de la familia necesiten alguna especie de ayuda externa para recuperar un estado de salud y felicidad.

Para la familia, esto por lo general tiene que ver con un programa de atención familiar, asesoría individual y participación activa y regular en Al-Anon, Alateen o algún grupo de Hijos Adultos de Alcohólicos.

¿Por qué la familia necesita un programa de recuperación? La mayoría de las familias están tan cerca del problema de la dependencia química que no alcanzan a reconocer sus alcances. En su esfuerzo por protegerse ellos del dolor y los estragos de la enfermedad, han desarrollado sus propias formas restringidas y emocionalmente insuficientes de enfrentar las cosas, y han caído en una vida emocionalmente lisiada. Aunque sus problemas pueden haberse originado alrededor del consumo químico de otra persona, necesariamente tienen que alejarse aun cuando esa persona alcanza la sobriedad.

El método de atención familiar más conocido y accesible es la participación activa en Al-Anon y su contraparte juvenil, Alateen. Estas dos organizaciones se fundaron para dar apoyo de grupo y un programa de vida el cual es casi idéntico al de A.A., y ambas organizaciones operan con base en los mismos principios de confidencialidad y auto-ayuda. Se pueden encontrar oficinas locales de Al-Anon y Alateen en el directorio telefónico.

Muchas personas también encontraron ayuda y alivio en los servicios de *psicoterapia*; sin embargo, éstos por lo general resultan más caros y, por lo tanto, no siempre son accesibles. Otra opción es un *programa de tratamiento de atención familiar*, el cual ofrece asesoría personal para todos los miembros de la familia, así como sesiones de grupo que dan apoyo, y en las cuales pueden hablar acerca de sus problemas con otras personas que están pasando por la misma situación.

Los programas de tratamiento familiar también ofrecen información precisa acerca de la enfermedad de la dependencia química, cómo afecta tanto a la víctima como a los que la rodean, y cuáles métodos han funcionado para otros individuos que están en recuperación; de ser necesario, se hacen referencias como fuentes adicionales de ayuda.

Como trabajan con familias durante largos periodos, los programas de tratamiento de atención familiar también pueden ayudar a las personas a poner a prueba y aprender nuevas conductas para enfrentar sus problemas y cubrir sus necesidades. Averigüe acerca de las que hay en su localidad consultando las fuentes listadas en la página 96.

Para los miembros de la familia, así como para la persona químicamente dependiente, la recuperación significa derribar el muro de las defensas y dar paso a la realidad. Al igual que la persona químicamente dependiente, deben aprender que el alcohol y/o las drogas son el enfoque del problema, y deben darse cuenta de que cada persona de una familia químicamente dependiente es responsable de su propia conducta, sentimientos y recuperación. Deben estar conscientes de que tienen alternativas, que la concesión no ayudará a la persona químicamente dependiente a dejar de consumir la sustancia tóxica, y que tampoco puede ayudarles a cubrir sus propias necesidades emocionales.

Casi todas las personas que han sido criadas en familias químicamente dependiente jamás han desarrollado la capacidad de experimentar una gama completa de sentimientos. Recuperar la sensación de vida, enloquecedora y gratificante, que es parte de un sistema familiar sano puede tomar tiempo, pero, sin importar cuánto se tarde, vale la pena el esfuerzo.

¿Y si la persona químicamente dependiente se resiste a todos los esfuerzos de usted por ayudarle? No permita que esto obstaculice su propia recuperación; de hecho, un nuevo y vibrante brillo en los rostros de los familiares puede tener el efecto de ejercer más presión en la ya abrumada víctima. La salud de usted le hace todavía más incómodo el consumo de la sustancia tóxica, y le hace sentir aún más excluido. Eso puede provocar una mayor fragmentación en su muro de defensas, que usted nunca esperó ver.

Epílogo

La intervención con individuos químicamente dependientes es un paso importante en dirección a dar tratamiento a una de las enfermedades más extendidas de nuestra cultura. Sin embargo, frente a las estadísticas —los millones de personas que están directamente afectadas, y los millones de otras que crecen dentro de sistemas familiares poco sanos— ese paso pareciera lamentablemente insuficiente.

Si la humanidad pretende conquistar alguna vez la enfermedad de la dependencia química, así como ha conquistado las igualmente horribles aflicciones de la polio y la viruela, debemos intervenir con la sociedad en general, una sociedad que promueve activamente el consumo del alcohol y las drogas; debemos comenzar por extender el concepto de que la dependencia química es, en realidad, una enfermedad, y no un signo de debilidad moral o falta de fuerza de voluntad.

La tragedia de la sociedad actual es que muy pocas personas entienden lo que es la dependencia química y cómo opera; las familias han permanecido en la ignorancia durante varias generaciones, *pero en el mundo todavía ocurren los milagros.* Todos los días, alguien, en alguna parte tiene una pequeña esperanza de que algo puede hacerse, y ese alguien se convierte en la puerta de entrada hacia el cerrado sistema familiar.

Con el transcurso de los años, en el Instituto Johnson hemos escuchado a numerosos padres, cónyuges e hijos decir, "Mi padre (o madre, hermano, hermana, amigo o empleado) es alcohólico. Todos lo sabíamos, pero creíamos que no se podía hacer nada, y luego, sucede que un día llega un folleto a nuestras manos que habla de la "intervención"... ¿Funciona? ¿Puedo hacerla? ¿Puede hacer que la persona vuelva a estar bien? Y gustosamente respondemos que sí a estas tres preguntas.

No contamos con la fuerza laboral en el mundo profesional que pueda abordar el problema en su totalidad; nosotros somos miles de personas, pero por lo menos ¡existen 20 millones de individuos químicamente dependientes! Por fortuna hay el doble, el cuádruple o 10 veces el número de personas interesadas, y una gran cantidad incalculable de ellas han tomado alguna acción exitosa.

Mientras está usted en el camino de tratar de ayudar a una persona químicamente dependiente de su vida, tenga por seguro que mis oraciones le acompañan.

Vernon Johnson
1986

Índice analítico

Impreso en:
Impresora Múltiple, S.A. de C.V.
Saratoga No. 909 Col. Portales
03300 - México, D.F., Abril 2006